IHS
龍仁
九華
1924
56
2024

納爵堂
洪開聖學展傳

華仁書院

立己同行 百年樹人

九龍華仁書院

百年印記 1924-2024

A CENTENARY JOURNEY WITH YOUTH FOR A HOPE-FILLED FUTURE: WAH YAN COLLEGE, KOWLOON, 1924-2024

1924-2024

蒙恩百載 • 格致傳薪
AD MAJOREM DEI GLORIAM

立己同行
百年樹人

趙起蛟老師題字

目 錄

第二章

創新校園 師生足跡回憶錄

第三章

前任校長篇

獻辭（一）

深感榮幸，可以片言隻語跟大家一齊貢獻這紀念九龍華仁書院一百週年的專書！

看到立己同行 百年樹人！彷彿是對自己的勉勵和鞭策，另一方面它展現着華仁的風采、使命和成就。生活在耶穌會的語境多年，培育和使命大概是在正式的文件中和開會時最常出現的策勉。人的一生就是一學習和培育的過程，擔當省會長也是一種學習去做領導，開放地被周遭的人事地所培育，而發揮出天賦的潛能，立己立人。使命卻代表着來自上主和長上一份信任，被派去為有需要的對象服務，結出長存的果實，造就社會和文明，愈顯主榮！從依納爵時代開始，就看到培育的優先性，需要較長的時間去準備一位會士，才更有效地達成使命。「百年」無疑代表着持續、久遠、和積累，但更好象徵着在教育使命中那份堅持、浸淫、和潛移默化，才真正地去造就我們的下一代，成為上主眼中的模樣。所謂，任重而道遠，莫過於此！

耶穌會感恩華仁這片園地，數十年來給予了會士們積極發揮的空間，作育英才；也同時獲得了師生和校友們深切的尊重、信任和幫助，實在銘記於心。現代普世耶穌會特別強調彼此同行和連結的重要性。耶穌會士並不是擁有一羣合作者，而是我們自身要去成為合作者，用我們較有利的身份和生活方式來串聯眾多有才德的持份者和朋友，達成使命。在同行合作中，若耶穌會有甚麼貢獻，除了是會士個人的才情外，大概是一份有情天地的視野，來自神操中天主聖三默觀世界所呈現的格局。祂看到人世間的多樣和豐富性，但同時有不少的盲目、限度和偏離。天主聖子卻毅然來到我們中間，同甘共苦:「不是來接受服事，卻是來服事人。」這份格局幫助了我們虛心接納人的差異，並安穩從容地去聆聽、接納和欣賞。若意見理念不合，也儘量找到背後的共同價值和相通之處。就算最後南轅北轍，也不失君子之交！因為每個心靈都是上主獨特地創造的是所有價值的核心。

前輩會士們是這精神面貌的表表者，令他們在身後仍有眾多的校友懷緬他們的才情和風采。誠願這份格局和視野繼續造就着華仁的教育和使命，尤其面對當今容易走向極端和對立的時代，更不可或缺。就讓我們繼續立己同行 百年樹人，不亢不卑地迎向新的一百年。

董澤龍神父

耶穌會中華省省會長

獻辭（二）

聖依納爵·羅耀拉常以拉丁文 *ite, inflammate omnia*（「去吧，點燃整個世界」）作為對即將踏上傳教征程的耶穌會士書信的結語。當九龍華仁書院迎來百年校慶之際，這句鏗鏘囑託在歷史長河中激起深沉的迴響。

「火」的真諦，聖依納爵未曾明言[1]。或許答案藏在他以「內在動態」為核心的靈修智慧中 —— 這種動態不僅關乎理性思辨，更包含情感躍動、價值取向、信仰皈依與心靈渴求等。正如《創世紀》二章七節啟示，人類本質是受聖神（其形象正是火焰）啟明的靈性存在。無數生命因依納爵靈修而發生根本轉變，印證了當人悉心培育這份內在火種所煥發的精神能量。

百年風雨兼程，九龍華仁的成長史恰是一部心靈火焰的傳遞史。我們深受感動的是，先賢、會士、師長們過去百年心靈火焰的力量。他們以勇氣、熱忱、仁愛、智慧和信仰與精誠協作，構築、發展和鞏固了九龍華仁書院。他們更成為點燃其他火焰的火焰[2]，讓萬千學子的生命被真理之火啟迪。並透過代代華仁人的生命見證，照亮更廣闊的人間。

1 顯然，他並非主張通過暴力手段改變世界 —— 早年在羅耀拉皈依後不久，他便已在蒙瑟拉特黑聖母像前放下匕首和長劍。

2 借用耶穌會第 35 屆大會頒佈的關於修會神恩特質的法令表述 —— 即，點燃其他火焰的火焰，這一精神特質。

回望歷史，更對未來懷抱希望 —— 秉承依納爵精神的天主教教育，必將持續培育能為愈顯主榮而回應時代挑戰的新生代：

在人工智慧突飛猛進的時代，我們需要深諳人性本質、持守正確價值觀的引領者，使科技真正服務人類福祉。

在個人主義與極端思潮蔓延的當下，我們期待能洞見人性深處相通本質的橋樑建造者，在多元中締造共融。

在瞬息萬變的洪流裏，我們需要渴求以心靈內在的指南針揭示永恆真理，並以此為錨引領前行，更以澄明的心智和內在的平安領航他人。

這部心血之作是一本啟迪這個時代非常需要的感恩和希望的著作。無論是否華仁人，讀者皆能從中汲取珍貴養分。這百年華仁故事淬鍊成書，特別其採用了相對困難卻又極為感人的方法去完成。在此謹向主編郭少棠教授及編委會全體同仁致以崇高敬意，深深感謝你們為這個前所未見的項目付出的辛勞。

蘇英麟博士

九龍華仁書院校監

獻辭（三）

在每年中一的開學典禮上，神父或老師不僅懷着熱情，邀請同學們步入九華這個大家庭，還總會問道：「華仁，對你而言，究竟是甚麼？」同學們如溪水般熱烈，興奮地分享心中對華仁的想像，期待着未來幾年中學生涯的種種可能。在這一瞬間，每個人都展開了一段與華仁的奇幻旅程。

華仁的校園生活如繁星般璀璨，瞬息間從一個小小的點滴，凝聚成六、七年共同成長的深刻回憶，既深邃又讓人難以割舍。隨着歲月流逝，回首往昔，我們仿佛再次洞悉那些在校園裏浸潤的生命哲理。

深深感謝郭少棠教授和他的團隊，在他的帶領下，透過在校學生訪問四百多位不同年代的畢業生，將九華百年的歷程以豐富的點、線、面，生動地展現於我們眼前。回顧華仁的歷史，我們曾面對快樂與挑戰。許多學生曾經遇到經濟困難、家庭分離，以及友誼和學業上的問題。然而，在這些考驗中，敬愛的神父、老師和同學們始終在我們身邊支持着我們，攜手同行。每當想到昔日同學的頑皮和兄弟之間的情誼，心中總是充滿歡笑與淚水，那種默契，宛如心靈的共鳴，無需多言。

這本書不僅是一次閱讀的旅程，更是一次心靈的洗禮，讓我在繁忙的生活中找回那份對生命的熱愛與勇氣。每翻一頁，都是對過去的回顧與對未來的期許，讓我們更加珍惜當下的每一個瞬間。

借用 Fr. Naylor 魏志立神父的一句箴言：華仁不僅是一所學校，更是一羣懷着服務熱忱、追求卓越的人。感恩每一位畢業生，離開學校後繼續體現華仁精神，努力成為更好的自己。再次感謝郭教授以及所有的師兄、弟，大家同心協力，為九華百週年獻上這份真摯的禮物！願大家細心欣賞！

周子詩

九龍華仁書院校長

獻辭（四）

立己同行，百年樹人。2024 年是九龍華仁書院創校百年之慶，除了一系列慶祝活動，最受矚目的想必就是這部屬於九龍華仁的百年巨著。

一百年來，九龍華仁書院孕育了無數優秀人才，遍佈社會各界。他們在自己崗位上努力不懈，不僅為母校爭光，亦以實際行動回饋社會。不論身在任何崗位，普遍的華仁仔都有一份共同特質，便是對華仁的歸屬感。舊生們回饋母校的例子比比皆是，不論是支援校園發展（如足球場、泳池、新翼大樓等）；抑或是創立各種支持母校的基金組織（如 Norman So WYK Development Fund、華仁一家基金會等等），甚或是投身社會後師兄弟之間的照應扶持，種種都可見到師兄弟熱心的身影。箇中原因，相信就是大家都懷着知恩圖報的心，樂於回饋，這是「蒙恩百載」的部分。

如何傳承下去，卻是「格致傳薪」的部分。回想起兩年前，校監徐立人神父、周子詩校長和一些資深校友邀請前香港中文大學歷史系教授郭少棠師兄撰寫九龍華仁百年歷史。郭師兄經過與學校及幾位舊生會的師兄弟相討之後，特別設計了一個以口述歷史為主的研究方法，透過訪問記錄每一段歷史片段，編寫一部九華的歷史，為將來的華仁仔的傳承留下一份集體的回憶。

過去兩年來我們盡量安排聯絡不同年代、領域的舊生以個別和小組形式接受訪談，既有數碼影像，亦有輯錄成文。我相信每一代華仁仔都有屬於他們那個年代的集體回憶及片段。觀乎現在不同屆別的舊生聚會，話題亦總離不開大家昔日在學的往事。要把各個零碎回憶和片段連成一起，並融合成書，殊非易事，能夠克服種種艱鉅挑戰，實有賴大家兩年來的堅持不懈。我謹在此再次感謝郭少棠師兄及編輯委員會全體成員在這段時間的付出。

本書並非一般校慶紀念冊，而是經過嚴格考證的歷史資料，以及大量老師、校友的珍貴回憶。很榮幸得到郭師兄邀請，讓舊生會參與其中，相信每一位華仁仔均會在本書內找到屬於自己年代的回憶，繼續把華仁精神，以及耶穌會的教育理想傳承下去。

李彥博

九龍華仁書院舊生會主席

2007 屆校友

獻辭（五）

九龍華仁書院之學生會於 1966 年 1 月 30 日由校長黎烈德神父宣布成立，至今已有 59 年。由郭少棠教授帶領的第一屆的學生會作為開墾者，埋下了種子。古語有云：「前人栽樹，後人乘涼」。雖然在本屆之前有五十八個「前人」，但敝會從來不敢坐等開花結果，一直努力為學校及眾華仁仔服務，埋下更多種子。

蒙主恩典，九龍華仁書院是年創校百載。為隆重其事、慶祝百年校慶，校方、學生、舊生及眾華仁之友均鼎力舉辦各項活動，敝會有幸參與其中。幸得 1965 屆之畢業生郭少棠教授帶領，敝會得以參與「口述歷史」計劃。此計劃於兩年前開始籌辦，過程長達兩年。當計劃開始展開，郭教授親自訓練了一羣在學的華仁仔，好使他們能夠擔當採訪者的角色，與在不同年代畢業的學長進行訪談。

於過去兩年間，敝會成員參與了數次訪談。第一次是 2023 年 5 月於本校禮堂採訪 70 年代畢業的袁天凡先生。他分享到他那個年代的華仁已經會給同學很多發展的空間，所以同學們可以嘗試不同的東西，而他喜歡打橋牌。他也提到以前交通尚未發達，在港島區打橋牌後要坐「嗶啦嗶啦」（電船仔）過海回家的故事。還有一次是在 2024 年 1 月訪問了 1959 屆及 1961 年的舊生，當中包括曹宏威博士、前香港民航處處長林光宇先生、香國樑律師、李景行先生、梁浩華先生、鄭國衛先生。於訪談中得知學長們過去的生活，包括由德仁小學到九龍華仁書院升學、由奶路臣街舊校舍遷址窩打老道新校舍等。除了這些比較正經的話題外，學長們還提到一些有趣一點的話題，例如以前神父及老師的綽號、他們如何作弄老師們、聖誕舞會和當時的非官方學生會。

上述和其餘數百個由校友親自口述的故事均變成文字檔案，被放在你們正在閱讀的這本書刊中。是次的出版，集合了數百位學生、舊生和老師等的心血，是無數人努力的成果，是送給九龍華仁書院的一百歲生日禮物。

櫛風沐雨，弦歌不輟。願九龍華仁書院校運昌隆，經歷更多個一百年。

九龍華仁書院第五十九屆學生會

歷史文獻：九龍華仁書院五十週年校慶耶穌會總會長 Fr. Pedro Arrupe 賀函

Letter from Rev. Pedro Arrupe, Superior General To Rev. Fr. Reid

July 25, 1974 Golden Jubilee

Fr. General and Fr. Reid

July 25, 1974

Dear Father Reid:

It was a joyful surprise for me to learn only a few days ago that Wah Yan College, Kowloon, is this year celebrating its

Golden Jubilee. I hasten to send cordial greetings and sincere congratulations to you and to all who have been associated with the success of your College during its first fifty years.

I am happy and proud to join you in thanking Almighty God for the remarkable blessings given to the College over the years. At the same time, I unite myself with you in your resolve to face the coming years with even greater initiative, imagination and courage.

Life is now more complicated than it was when Wah Yan was founded. The advancement of technology demands deeper and more varied specialization. The increase in numbers of those receiving education gives rise to a proportional increase of competition. The problems arising from urbanization and over-population engender a drive toward emigration, which in turn pressurized governments to tighter immigration policies. A society becoming progressively permissive creates serious problems of discipline for school authorities; a society becoming progressively open and broadminded tends to breed more questions and uncertainties.

It would be a pity if all these complexities blinded us to some of the absolutely fundamental issues at stake in the formation of young people. Hence, I would not like this occasion to pass without re-formulating just three goals which, in my opinion, must always be integral elements of a Jesuit-run school.

The first is that in our priorities, we give pride of place to that human goodness that we Christians learn from the Gospels, of which the perfect exemplar is Jesus Christ. We reckon this to be of greater worth than academic success. In other words, the primary purpose of a Jesuit school is to share a Christian vision of human goodness with the young, and to support them to develop all their talents as they respond to this vision.

The second is that Wah Yan give an example of institutional integrity, of corporate honesty, and of the willingness of many to co-operate in the common task; and thus humbly serve as a stimulating influence to other schools and other institutions in Hong Kong.

The third is to encourage our students themselves to become agents of change. We should be daring in demanding that our students study what is relevant in their society; we should be inventive in reaching their hearts and in stimulating their desire to learn how to learn; alertly courageous in leading them to an understanding of the real needs of society and to their responsibility to build upon the good of previous generation while combating those personal and social maladies which prevent true human progress.

If all connected with Wah Yan College, parents, teachers, pupils, can agree on these common aims and try to collaborate in implementing them, your fine College will, with God's blessing, go from strength to strength.

With kind regards to all of you, I am

Yours very sincerely,

Pedro Arrupe, S.J.
Superior General
Society of Jesus

序言

站在歷史的起點，回顧九龍華仁書院百年的歷程，作為一個親歷耶穌會教育的受益者，我領受了啟蒙的恩賜。離開窩打老道 56 號，踏入農圃道新亞書院新儒家的殿堂，再經歷了柏克萊比較歷史研究的洗禮，最後今天參與母校百年歷史的撰寫，我深深感恩有此難得的機會。

工欲善其事，必先利其器。重溫九龍華仁的百年經驗，本書結合中外史學哲理，借用司馬遷究天人之際的視野，吸納了耶穌會神學家 Bernard Lonergan（朗尼根）以經驗切入人類價值展開檢視及評估，以期情理兼備，透視歷史的真相。

重溫九華百年的歷程，我們不能不相信冥冥之中自有命運的安排，讓九華在波濤起伏的時代大流之中，竟然否極泰來，既有峰迴路轉的萌芽，亦有百年一遇的成長機遇。九華得以融入近代中國歷史的大潮，經盛載歐洲文化精神的耶穌會教育的孕育，在原是光禿禿的窩打老道火柵山上，接受中西文化的滋潤，為香港乃至近代中國教育史上寫下光輝的一頁。

著名的歷史學者羅香林在為方美賢《香港早期教育發展史：1842-1941》一書所作的序言中指出，香港在中國近代教育的發展中，其實佔有一個非常重要的地位，但往往被學者們所忽略。在二十世紀初，尤其在 1911 年辛亥革命之後，香港被英國佔領，無論是在中西文化人才的培養上，或是在中西教育制度和經驗方面，其作用非常重要，在教育史上都產生了不容忽視的影響。

方美賢的研究詳細介紹了香港二十世紀上半期的教育發展。他把這段歷史分為植根（1842-1859）、孕育（1860-1886）、發展（1887-1910）、轉捩（1911-1913）和銳進（1914-1942）五個時期。經過 19 世紀下半期至 1910 年的發展，政府和教會積極合作推動英文教育。香港大學 1911 年建立，政府加大力度建立教育管理和資助，尤其發展英文教育，滿足社會對有英語能力的人才大量要求，實現了短短三年轉捩時間的成就，促成了往後銳進時期的持續發展。

20 世紀上半期香港教育的全面開拓自有其歷史因素。當時香港與中國內地並無隔斷，因為內地的政治動盪，導致大量內地人口遷移至香港，其中包括多方面的人才。而不斷因戰亂而尋找生機的內地年輕學生來港，令香港受教育人口迅猛增加。把握當時香港社會渴求英語人才的時機，徐仁壽以三十歲之齡毅然創業，邀請一位二十二歲的海外華人林海瀾以微小的資本、大無畏的精神成立了一所私立的英文學校。徐仁壽和林海瀾都是受了天主教教育的啟蒙，辦學自然以此為特色，從四個學生開始，在十年之內，發展成近千人的學校。他們的奮進精神實令人敬佩。

然而，這些創業的實踐也因時代的限制而遭到必然的挫折。儘管當時香港以西式教育為主導，基督教教會的辦學佔據優勢，政府也全力支持英文教學，同時內地流入的大量學生提供了一個供不應求的市場環境。但這批中小學教育工作者尚未掌握教育以至其他商業投資所需要的組織或財務管理的經驗。他們盡了最大的努力，這所創辦不久的學校，尤其是在九龍的分校，經過 10 年的堅持和初步有成，因種種客觀原因而無法維持下去。在機緣巧合的情況下，耶穌會接受了時代的邀請打算繼續辦學，卻又因日本三年又八個月的佔領，讓耶穌會會士在艱苦環境中只能暫時默想這個教育的使命，幸而得到一批堅守崗位的行政人員和教師的支持，在日本人離開幾個月之內便立刻復課，並爭取另建校園，最終創造了超乎預期的成果。

九龍華仁書院樹人育材，得到師生同行，並非偶然的結果，而是一個時代的產物。耶穌會承載着幾百年的教育經驗，從 1599 年的《教育計劃》（*Ratio Studiorum*，1599 年）的教育體系，注重結構、適應力及跨學科訓練（文學、哲學、科學），強調嚴謹教學、教師素養與學生福祉，預示了現代全人教育理念。及至現代的轉型，通過《依納爵教學範式》（*Ignatian Pedagogical Paradigm*）與《普世性使徒優先》（*Universal Apostolic Preferences*）等文獻，融合學生中心學習、多元智慧理論等當代方法，同時堅守核心價值。

耶穌會能夠在香港發揮其最大的影響力，除了社會服務和靈性培育的工作之外，教育是耶穌會自利瑪竇以來作出的重大而具體的實踐。利瑪竇在明代開啟了中外交流的歷史，經過一百多年，耶穌會已在香港取得了它的教育成果。這是耶穌會教育在亞洲一個具有影響力和代表性的實踐經驗。香港以至整個中國正經歷着史無前例的巨變，我們可以用依納爵靈修的角度，反思這一段的經驗。這些經驗展示着教育所帶來的無限觸動和啟發，我們可以看到一批批師生如何立足於自己的背景，腳踏實地成就自己，尋找各自成長的道路，更能同時支持其他同行者，落實立己同行，成己達人的理想。

我們也可以從文化研究的角度去瞭解這段歷史。這羣中國的知識分子和歐洲來的傳教士，把握了這個千載一時的機會，攜手創造了一個無法否認的教育創舉。站在今天百年回顧的里程碑，我們邀請了四百多位九龍華仁的畢業生，坦誠而真摯地分享了他們的經驗。這些正是遵循了依納爵教育的原則：從經驗以至反思，從現實的資料去認識經驗的所在。經過反思與檢討，作出的分析成為所謂辨別的結果。

耶穌會的教育給這些學生留下的是一個純潔而真實的人生經驗。我與我的三位兄弟，同受九華教育的洗禮，如同其他接受訪問的校友，從一九五十年代至今，一直保持着這種對人的信任，對人性的期望，對他人的尊重。耶穌會前總會表 Fr. Peter Hans Kolvenbach 提出個人成長的標準：能力（Competence）、良知（Conscience）、同理心（Compassion）和奉獻（Commitment），都可以在這些校友的分享中顯現出來。

九龍華仁有一個非常大的校園空間，但這個空間不只是一個表面的物質存在，更重要的是無聲的校園文化 —— 充滿着人與人之間的信任和互相支持，這種情感的聯繫也恰恰反映出耶穌會的精神。這種跨文化和跨宗教的格局，讓我們真正感覺到儒家的性本善、道家的天人合一和佛家的慈悲。九華學生擁有的自由、自律、自我承擔的成長經驗，是一個人本教育的具體表現。學生、老師和環境融合在一起，是平和的、和諧的人生歷程。

孔子站在河上歎息時間的流逝，莊子喪妻敲打着瓦缶唱歌，禪宗六祖面對菩提而明心見性。面對現實，依納爵腳踏實地為耶穌會塑造了一種教育模式，讓年輕人有充分的機會尋找自己的身份認同。

如中華省會長董神父所言，九華的歷程，是一個有特色的教育機構的格局從無到有被創造出來。通過究天人之際，司馬遷將他的歷史哲學置身於一個永恆的境界，依納爵在 Lonergan 的詮釋之中，讓人在理想與現實之間找到一個連接的方法。九華仁書院百年的歷程證明，歷史的改變不能只是一家之言，即使通古今之變，仍然需要回歸一個「究天人之際」的視野。耶穌會在第二次世界大戰之後開創的九華的教育模式，讓許多年輕的學子找到他們生命的意義，正是這百年校慶值得紀念的一個重要原因。感恩創校先賢的毅力和堅持，感恩百年之間諸多老師、家長和社會人士的共同培育，也感恩所有立己達人的校友的一路同行。

伴隨着香港社會政治經濟的諸種變化，香港教育自從上世紀五十年代至今已經經歷了多次的改革，香港已逐步融入國際教育的大羣體，也在回歸母體的路上找到它的歷史地位。在這波瀾壯闊的時代潮流中，九龍華仁學生和他們身上所反映出的耶穌會教育的特質和格局，並沒有因為時光的流逝而失去光彩。

立己達人，百載傳承，本書正是這段歷史的最佳見證。

我們在感恩百載之緣的同時，仍需腳踏實地地展望未來。未來的百年，九龍華仁書院一定會將百年傳承的教育精神帶到一個 *Magis* 更高的境界，愈顯主榮。

郭少棠教授

1965 屆校友

「耶穌會」簡介

耶穌會徽章

耶穌會（Society of Jesus，拉丁語：*Societas Iesu*，簡寫為 S.J. 或 S.I.）是天主教會的主要男修會之一，1534 年 8 月 15 日由 St Ignatius of Loyola（聖依納爵·羅耀拉）St. Francis Xavier（聖方濟·沙勿略）、St. Peter Faber（聖伯鐸·法伯爾）等人共同於巴黎成立，重視神學教育、對教會的忠誠度以及向普世傳教，發願守貞、神貧，並要求會士對修會及聖座的指令絕對服從。耶穌會士以貧窮、貞潔為生活標記，以靈修及信理培育信友、辦學及傳教為事工。耶穌會的總會院設於羅馬、在世界各地設立會省、副會省及協作區。

耶穌會成立不久，即開始向亞洲、非洲、美洲派遣傳教士。向中國派遣傳教士始於明朝嘉靖年間。第一個來到中國的 St. Francis Xavier（1506-1552）於嘉靖三十年（1551 年）抵廣東上川島。萬曆四年（1576 年），澳門教區成立。萬曆三十二年（1604 年），中國內地耶穌會從澳門教區獨立出來，四十三年（1615 年）成為獨立的副省會。

中國耶穌會的開創者是意大利人 Matteo Ricci（利瑪竇），他於萬曆十一年（1583 年）入廣東肇慶，結交中國士大夫，其中徐光啟、李之藻、楊廷筠受洗入教，成為明末天主教三大柱石。在中國學者幫助下，耶穌會士翻譯、撰寫了許多有關天文、曆算、地理學、物理學及語言學的著作，為於明末中西思想文化交流作出重要貢獻。

釘畫製作者：聖依納爵堂管理員溫炳鑑先生

耶穌會士在世上繼續耶穌基督的宣講，教誨，治癒及和好的使命；他們學習聆聽及分辨天主在內心的呼聲，希望在一切事物中看見天主，並願竭盡所能彰顯天主的光榮，愈顯主榮（*Ad Majorem Dei Gloriam*），「AMDG」。會徽下方是紀念基督信仰中釘死耶穌的三根釘子，上方的 IHS 則是耶穌希臘文寫法（ΙΗΣΟΥΣ）的前三個字母（Σ 的寫法往後演變成拉丁字母的 S），亦有「耶穌是人類救主」之義（拉丁語：*Jesus Hominum/Hierosolymae Salvator*）。與其他歷史較久的修會不同，耶穌會並無會衣，一般只在會士姓名後面加上「SJ」的後綴，以表明其身份。

會士們期許天主能帶領他們到最困難的地方，站在不同信仰文化及價值觀對話的交會點上，在維護正義和平的最前線，會士們希望帶着福音的訊息跟人們內心最深的渴望相遇。

自 1926 年起先後有二百多位耶穌會會士在香港服務。他們在教育、社會服務及牧民工作上貢獻良多，很值得我們尊敬和懷念。

*　（參考輔仁大學耶穌會使命特色發展室 https://jmomission.fju.edu.tw）、Wikipedia 及《一九二六年至二零一六年在香港的耶穌會會士影像回憶》，並由梁宗溢神父校正。）

九龍華仁書院校徽

學校的校徽呈盾牌形狀，具守護之意。盾牌上紅色的十字架代表着耶穌基督被釘在十字架上，以自己的血為世人贖罪，象徵天主對我們每一個人的愛。

盾牌上刻有拉丁文 *IN HOC SIGNO VINCES*，意思是「據此徽號汝可得勝」。華仁仔應當追隨耶穌基督的步伐，用愛來克服一切困難。

School Hymn of Wah Yan College, Kowloon

Our Captain and our King

I

Our Captain and our King,
We kneel in love before Thee.
Our hearts in tribute bring,
Glad homage here to pay.
O do not Thou disdain
The gift so mean so poor.
More precious far we fain
Would offer and more pure.

II

Grant us, we pray, Thy cause
To champion, though so lowly.
Nor ever fail nor pause
When trials throng and press.
O, God of battle, smite
And nerve us for the fray.
O, Prince of peace, Thy light,
Can ev'ry toil repay.

Chorus

Our deep love O Lord
Till this our life is o'er.
Be Thine forever more,
Be Thine forever more,
Yes Thine forever more.

1960年入讀九龍華仁書院的前校長蘇中平先生，從前輩認識到校歌背後的意義；現在他根據他少年的回憶，分享如下：

I

Our Captain and our King,
We kneel in love before Thee.

Thee = You
Our Captain and our King, we kneel in love before You.
We humble ourselves before You.
We obey your command.

Our hearts in tribute bring,
Glad homage here to pay.

Tribute = thanks, Homage = deep respect, glad = gladly, willingly
Our hearts bring in tribute and pay You homage here willingly.
We give You heartfelt thanks and we willingly respect You deeply.
We obey You because we are grateful and we respect You deeply.

O do not Thou disdain
The gift so mean so poor.

Thou = You, Disdain = look down on, Gifts = our work, Mean = cheap
O, please do not [Thou] disdain the gifts that are so mean and so poor.
Please accept our gifts though they may appear cheap and poor to You.

More precious far we fain

Would offer and more pure.

Fain = willingly, gladly
For they are far more precious and more pure than what we would fain offer.
For the gifts are far more precious and pure than what we would gladly offer (as we are humble and poor).

II

Grant us, we pray, Thy cause
To champion, though so lowly.

Grant = give; Thy = Your; Cause = goal, reason (building the Kingdom of God on earth, making the
world a better place to live in);
Champion = defend; Lowly = humble
We pray that You grant us Thy cause to champion though we are so lowly.
Though we are so humble, please let us defend Your cause (be your agents).

Nor ever fail nor pause
When trials throng and press.

Nor ever = not ever, never; Pause = stop, back off; Trials = difficulties; Throng = press
We promise that we shall never fail or pause when trials throng and press.
We promise that we shall do our best and never back off when we are pressed by obstacles and difficulties.

O, God of battle, smite
And nerve us for the fray.

Smite = strike; nerve = prepare; fray = battle
O, God of battle, smite and nerve us for the fray (battle to defend God's cause).
O, God of strength, we are ready. Strike Your blow (to signal the beginning of war against evil) and prepare us for the battle to defend Your cause.

O, Prince of peace, Thy light,
Can ev'ry toil repay.

Prince of peace = Jesus Christ; Thy light = Your light, by which Your power is seen; Ev'ry = every,
Toil = piece of hard work

O, Jesus Christ can reward us for every piece of hard work we do in defending His cause.

Chorus

Our deep love O Lord
Till this our life is o'er.
Be Thine forever more,
Be Thine forever more,
Yes Thine forever more.

Forever more = forever; O'er = over, Thine = Yours
O, Lord, may our deep love be Yours forever till our life is over. Yes, (we pledge that) our deep love shall be Yours forever till our life is over.

主編導言
立己同行 百年樹人

蒙恩百載。感恩有緣參與這次百載慶祝之旅。

感謝前校監徐立人神父、校長周子詩女士和一羣校友 2023 年 2 月熱情邀請本人撰寫這段百年蒙恩的歷史。

我相信，在萬事萬物之中可以尋找到主恩的存在。無論是百載蒙恩的神父、教師、校友、還是今天在校的同學及其家長，每個人的經歷都蘊藏着上主的恩賜。作為一個歷史研究者，我重視史料和實證。同時作為蒙恩的校友之一，我既小心避免主觀的偏愛，以免被誤解為自我標榜；更必須警惕將理念無限美化，陷入理想化的口號，淪為空洞的標語。

我深信大家都懷有回饋母校的熱誠，必定會實事求是。如果我們能夠秉持着一種「更」(*Magis*) 的精神，略盡綿力，誠邀更多曾感受過九華教育的老師、校友和同學攜手合力，共議同行，將各位同行者源自內心的反省和思念凝聚起來，一起塑造一個蒙恩百載的集體記憶 (Collective memory)。

在徐神父和周校長的指導下，我們於 2023 年 3 月啟動這場集體回憶的感恩之旅，這項口述歷史訪問計劃不僅得到舊生會和學生會的大力支持，更令人欣喜的是，退休的老師、校友和學校的友好人士積極的參與，共同推進了這個計劃。我們也考到因疫情而受影響的在校同學，希望通過這個集體回憶計劃，給予他們一個機會，經過基本口述歷史採訪技巧的培訓，讓他們親身訪問哪些自願同行的校友，共同參與感恩百年的反思計劃。所有訪談內容在紀念專書中以不記名方式刊出，個人訪談中時而沉思追憶，時而情意高昂；小組訪談，則逸興遄飛、笑聲不斷，盡顯懷舊之情。

耶穌會的教育重視經驗、反省、判斷和行動。我們秉承這種精神，創造一個集體「意識省察」的機會，讓在校的同學可以訪問參與計劃的校友和退休老師，形式包括進行個別訪問和集體的座談。

經過接近一年的努力，得到幾十位主動積極同學的投入，在一批學校的老師和行政人員的支持下，進行了超過 300 位個別訪問，另外組織了超過 100 位校友和老師的小組座談。我們也同時參考了 80 週年校慶專刊中 80 位老師和校友的訪問。

感恩得到耶穌會意識省察的啟發，這個集體記憶的計劃，我根據口述歷史的原則，將百年蒙恩的教育歷程撰寫成兩個部分：第一個部分是創校前期歷史的簡述。這部分的內容，主要是參考文獻和檔案，由沈思先生修訂而成，感謝周炳華老師提供資料。第二個部分 500 多位校友和老師的訪問內容融合而成，主要涵蓋上世紀 50 年代新校舍成立至今的演變，蔡惠海老師、胡子季老師和沈思先生完成了資料的整理，由本人融合撰寫。這部分內容分為四節：包括校園演變說當年、教師植苗獻心力、幼苗成長展生機、懷舊自省謝師恩。總結章節題為「蒙恩百載冀傳承」，希望透過這 500 多位校友和老師的集體記憶，印證耶穌會教育理念得以在九龍華仁書院百年歷程中彰顯和實現。

這個計劃的順利完成，離不開學校（尤其徐立人神父、蘇英麟博士和周子詩校長）、舊生會（尤其李彥博先生、蔡惠海老師、胡子季老師、何兆棠先生、方永康先生、黎振宇先生、李行健老師）、學生會（2023 及 2024 屆代表）、沈思先生和周炳華老師的全力支持。在此，我特別向他們表達衷心的謝意。最後摯誠地感謝耶穌會中華省省會長董澤龍神父賜賀詞勸勉、趙起蛟老師和韋季南校友題字。

蒙恩百載，更期望格致傳薪。格致是反省與判斷，從而可以確定傳薪的內容與方向。透過我們這次意識省察方式塑造的集體記憶，忠於「更」的點滴奮進，日日新，又日新的精神，體現了所有參與者對學校和自己的「整體關懷」（*Cura Personalis*）。只有從心出發的真情，才能回饋百年的恩賜，愈顯主榮。

郭少棠教授

編輯委員會主席兼主編

備註　從以上的背景介紹可見，本紀念專書非一般的學校紀念冊，而是根據耶穌會的教育精神，落實蒙恩百載，格致傳薪，立己助人，共議同行的歷史回顧。此外，有關前期歷史部分，更基於嚴格的歷史文獻的分析和若干重要的訪問，仔細考證而寫成。最後，由於校友及退休老師的反應熱烈，訪問內容非常豐富，基本篇幅所限，不少精彩的內容被迫割愛而沒法輯錄，懇請見諒。所有訪問的人士，我們用數碼記錄下來，已交學校保密存檔，而訪問內容則以不記名方式輯錄撰寫成文。

1924

第一章

九龍華仁書院史 1924-1952

從砵蘭街至奶路臣街

徐仁壽先生

華仁書院的創立

1919 年，[1] 在香港聖若瑟書院畢業後任教的徐仁壽（1889-1981），掌握當時香港教育發展的趨勢，看到當時香港華人子弟難以入讀外國人開辦的英文學校，社會缺乏華人開辦的英文學校，於是辭去聖約瑟書院的教席，開辦一所英文私立學校。12 月 2 日，這所新學校租用香港荷理活道 60 號三樓作為校址。12 月 10 日，教育司批准這所學校的註冊。12 月 16 日，它正式開課。「華仁書院」誕生了。[2]

「華仁書院」由徐仁壽起名。「華仁」的取名，據他的後人所述，「華」是紀念他的故鄉「五華」縣；而「仁」則是取他的名字「仁壽」而成；[3] 校名便這樣在教育局成功立案。[4]

根據香港華仁書院百年校史 *All That's NOBLE and TRUE* 的描述，開課時，學校只有四名學生和一位教師，稍後學生增至

1　方美賢：《香港早期教育發展史：1841-1941》（香港：中國學社，1975 年）。

2　《南華早報》，1929 年 12 月 17 日。

3　據徐仁壽孫兒徐佩乾（Lawrence Tsui）談及徐仁壽所述的華仁取名來歷。

4　《南華早報》，1924 年 1 月 29 日。

二十人，教師有三位，其中一位是衛仲虞[5]。1920 年 4 月，校務漸上軌道，學生已有 96 人，原有校址不敷應用，需要擴充至四樓和租用荷李活道 69 號及卑利道 54 號 A 作分教處，再增聘三名教師，其中包括華仁書院第一位女教師何婉玲。

1920 年暑假後，學生人數倍增至二百人，徐仁壽把卑利道的分教處遷往摩羅廟交加街 33 號。

1921 年農曆新年後，徐仁壽租賃了羅便臣道 2 號的聖約瑟書院舊校舍。聖若瑟書院校長 Bro. Marcian Cullen（馬爾真修士）清空了舊校舍，使華仁書院順利遷入。這時學校又再租下了羅便臣道 4 號、6 號和 8 號的物業，學生人數迅速增長至 360 人。1922 年 10 月，由於華仁書院辦學成績得到認可，獲政府批准成為政府補助學校（Grant in Aid School）。當時香港補助學校全由教會興辦，徐仁壽是首位獲政府補助創辦英文私立學校的華人校長；徐仁壽指出，在學校未獲補助之前，一直都有盈利，然而，政府的補助可促進學校教育的發展，並有效減輕其經濟壓力。[6]

林海瀾先生

後來，徐仁壽認識了林海瀾，由於兩人都來自語言相同的客家族羣，所以甚為投契，因此結下了深厚的友誼。他邀請了這位剛從馬來亞怡保聖米高學院前來的年輕教師，加入華仁書院。[7]

在 1922 年出版的《香港政府藍皮書》所載，當時全港 16 間政府補助學校名單中，唯一不隸屬於某宗教團體的只有華仁書院，當年度香港華仁書院學額為 382 人，學校學費收入 4060 元，而政府津貼則為 4230 元。

5　Paul S.M. Yu, ed., *All That's NOBLE and TRUE: History of Wah Yan College, Hong Kong, 1919-2019*, p.2 (Hong Kong: Wah Yan College, Hong Kong, 2020)

6　香港最高法 1968 年第 628 號訴訟 HCA000628/1968 判決書。

7　*THE SHIELD*（《華暉》）1956 年，V4。

華仁書院九龍開辦分校

徐仁壽看到，當時在港島的華仁學生中，很多來自九龍和新界，為了便利這些學生，於是在 1924 年在九龍最繁盛的油麻地砵蘭街設立九龍分校，這樣學生們便無須再乘輪渡海和攀登山坡到港島的羅便臣道上課。[8]

1924 年 11 月的《香港華字日報》刊登的招生廣告：

> **華仁書院添設分院：華仁書院，開辦以來成績昭著，現設分校於油麻地砵倫街七十號。**

同年 12 月 1 日，華仁書院九龍分校在砵倫街（現稱砵蘭街）70 號二、三樓正式開課。校長是徐仁壽（1924-25 在任）。起初只設第四、五班，學生共廿四人。主任教員是衛仲虞、盧戒之。

當年香港的學校，分為中文學校和英文學校，學制各有不同。英文中學追隨英國文法學校八年學制，第一班等同現在的中六，第八班則是小五。經過多次學制的改變，中、英文學校才統一為今天的學制。

1925 年 2 月，九龍分校加開第六、七、八班，學生人數穩步上升；4 月，人數增至 141 人，校方租用砵蘭街 78 號三樓作擴充之用。

1925 年 3 月 19 日的《香港華字日報》報道：

> **華仁英文中學之展拓，於去歲設分校於油麻地砵倫街**

8　《南華早報》，1926 年 4 月 7 日。

七十號，以免求學者之跋涉、其學額百餘名，不兩月亦已滿額，今再為擴充校舍云云。

這時期，入讀華仁書院學生的大部分家長都希望孩子學好英文，能夠在香港的政府或洋行上班；也有外國華僑，希望他們在內地或香港的孩子，先在學校學好英文，再移民外國，以期早點適應外國生活。

◉華仁書院添設分院　華仁書院、開辦以來、成績昭著、現設分校於油蔴地砵倫街七十號、教員為衞仲虞盧戒之二君云。

華仁書院添設分院，《華字日報》1924 年 11 月 15 日

◉華仁英文中學之展拓

本港華仁中學創辦已歷五年、文學則中英并重、學科則理實並授、教員二十餘人、皆領有師範證照或外國大學專科學位者、且多係華人、故教育成績甚優、曾為前任教育司稱許、得政府津貼經費、而現任教育司、於是月躬臨該校、頒賞獎品於考列前茅諸生時、更捐廉特贈獎額二名、著全校學生以「何為進步之真諦」為題、撰述中英論文各一篇、擇其優者賞之、去歲該校學生赴考香港大學者、全數入選、更有一名被取錄為英皇學生、或香港政府免費生、該校學額五百餘名、常為壓滿、乃於去歲設分校於油蔴地砵倫街七十號、以免求學者之跋涉、其學額百餘名、不兩月亦已滿額、今再為擴充校舍云云。

華仁英文中學之展拓，《華字日報》1925 年 3 月 19 日

Our Branch School.

Our Branch School at No. 70, Portland Street, Yaumati, had 180 on roll. The classes ranged from 4 to 8; and the staff consisted of seven teachers. The accommodation was severely taxed, notwithstanding the noisy locality in which the school is situated. As soon as we get a suitable piece of land, we shall erect our own building.

1970 年代砵蘭街華仁書院創校舊址

在學校收生不斷擴充之際，當年六月，香港與廣州爆發了為期 16 個月的省港大罷工，香港與內地的經濟活動陷於全面癱瘓，航運及交通停頓，市面蕭條，學校只得被迫提早放暑假；至九月暑期後學校重開時，學生人數只有 14 人。[9]

1925 年底，徐仁壽辭校長之職，改任校監（當時名銜稱 Correspondent）。他認為合夥人林海瀾有卓越的辦事能力，[10] 所以從 1926 年元旦起升任他為港島華仁書院校長及兩華校董。這期間，在九華創校時的主任教員衛仲虞，也協助華仁的管理工作；之後成為九龍分校校長。[11]

---

9 《南華早報》，1926 年 4 月 7 日。

10 *All That's NOBLE and TRUE*，頁 5-6。

11 *All That's NOBLE and TRUE*，頁 2 記載衛仲虞創校時協助徐仁壽，及頁 5 衛氏被委任為分校首位校長。

Bishop Enrico Valtorta

1926 年，九華學生人數回復增至 227 人，校方需租用砵蘭街 61 號、63 號及 65 號頂層、78 號二樓，闢作擴充班級之用。這時九龍華仁書院已先後在砵蘭街租用八層物業；校方察覺到這樣並不能長遠解決課室不足問題，也窒礙繼後的擴充計劃；分散的樓房課室在行政和教學上也造成若干的不便。這期間省港大罷工已近尾聲，香港經濟開始逐步復甦，九華的學校聲譽日隆，徐仁壽預計未來報讀學生數量將大幅增加，因此，1927 年，他決定自行購地建造一幢統一且功能完善的校舍。幾經尋覓，最後買到土地在奶路臣街興建新校舍。

耶穌會來港與華仁書院

1926 年 3 月 Bishop Enrico (Henry) Valtorta 恩理覺主教獲委任為香港代牧區代牧 [12] 期間，關注到多年前香港本地葡籍天主教徒發起的請願，要求在香港建立一所由耶穌會神父領導的高等學校，而且他看到香港天主教中學及大學的教徒學生牧靈工作嚴重缺乏，再次向教宗邀請到能說英語的耶穌會教士前來香港協助辦學。1926 年 4 月，愛爾蘭耶穌會士省區正面回應 Bishop Valtorta 的邀請，雖然當時修會本來計劃在江蘇省的南京展開傳教事業，但也樂意正式參與香港的教育工作。[13]

Fr. George Byrne（潘佐治神父）和 Fr. John Neary（李約年神父）率先踏足香港。兩人於翌日的聖方濟沙勿略瞻禮舉行首次

---

12 張學明：《香港的耶穌會士（1926-1991）》（香港：香港中文大學天主教研究中心，2011），頁 211。

13 同上。《南華早報》，1928 年 3 月 27 日也有林海瀾感謝李約年神父的記載。

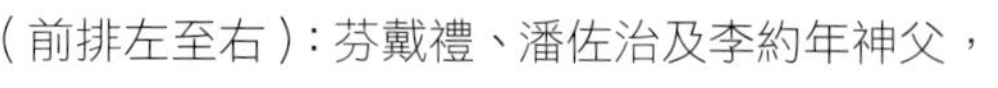

（前排左至右）：芬戴禮、潘佐治及李約年神父，
（後排左至右）：嘉利華、麥當奴及蔡伯德神父

1930 年代初，耶穌會會士與恩理覺主教合照

彌撒。Fr. Byrne 獲任命為耶穌會香港省會長。

這時港九華仁書院的課程設置涵蓋了英文、漢文（以普通話教學）、數學和物理學等基礎學科，並在高年級引入聖經課程。低年級學生則會定期前往天主教教堂接受宗教教育。林海瀾邀請 Fr. Neary 加入華仁書院任教宗教科知識，學校與耶穌會開始了緊密的聯繫。[14]

1927 年，華仁書院調整課程設置，招收完成中文小學四年級的學生，編入八年級（即小五），教授初級英語。學生從 ABC 字母開始學習，而中文課程仍保持中文小學五年級的水平。有關中文方面，林海瀾特別要普通話教學，因為是中國人全國性語言。[15]

1928 年 3 月，林海瀾報告，這年度九華分校註冊人數為 270 人，教職員工有九名教師；他們住在砵蘭街六個非常簡陋的房子。下半年他們將遷往奶路臣街的新校舍。並將向政府申請，與

14 《南華早報》，1928 年 3 月 27 日。
15 《中國郵政》（*The China Mail*），1927 年 4 月 5 日。

港華一樣成為政府補助學校。[16] 據說教育局對政府補助學校的要求，其中校長需要有大學學位資歷，所以衛仲虞轉職為老師，校長一職交由有學位的周清霖接任。及後獲政府批准成為私立補助學校，所以分校校長轉由具有學士學位的周清霖接任。

奶路臣街的新校

1928 年 4 月 26 日，位於奶路臣街之華仁書院九龍分校新校舍落成啟用。新校舍是一幢仿歐式的三層建築物。由建築師 Aflred Lane（凌艾斐），承建商唐安（Tong On）建築公司興建。[17] 學校開辦了的第三至第八班的高小與初中課程，高班的學生仍需前往港島學校上課。

《南華早報》報道了當日新校舍落成的開幕典禮盛況，標題是「香港最大的學校」，主禮嘉賓包括 Bishop Valtorta、Fr. Giovanni Michele Spada（德若翰神父）、倫敦傳道會 Rev. Hebert Richmond Wells（威禮士牧師）、教育司 Alan Eustace Wood（伍德）、Mr. and Mrs. Alfred Lane（凌艾斐伉儷）等。主禮嘉賓教育司發言時讚許華仁書院是香港近十年教育史一個突出的表現，書院帶着一種既有紀律而又喜悅的氣氛。[18] 從這時起，九華經過教育局的多次巡視並獲得評核合格，也成為政府補助學校之一。

《南華早報》描述，新校舍樓高三層，每層均設課室，校長室及接待處則在樓下，整座校舍光線充足，空氣流通，二樓設有一

---

16 九龍華仁舊生會：《五十六號的星光 —— 九龍華仁書院創校八十週年紀念冊》（香港：星島出版有限公司，2004 年）。頁 11 載，九華是在奶路臣街 8 號今旺角電腦中心，其實應為 6 號今天之德發大廈。

17 《南華早報》，1928 年 4 月 27 日。

18 《中國郵報》，1928 年 4 月 27 日。

奶路臣街華仁書院舊校

長長的課室，可作為禮堂之用；校舍後面有一間預留作食物部之房間，並有一片空曠沙地，可闢作體操場來上體育課，而校舍屋頂平坦，或許將嘗試建一小花圃。報章更報道，華仁創辦不足十年，學生人數由最初的四人，發展至此時，兩校差不多有 1200 人，是全港 16 間政府補助學校中，人數最多的學校。[19] 一位九華舊生溫啟廉 [20]（1939 屆）寫《魂牽夢縈 耄年憶華仁 —— 記奶路臣街舊校二三事》，記憶中的校舍環境如下：

> **位於奶路臣街的九龍華仁書院，是一座仿歐式建築，樓高三層，形狀為 L 形，沿街口步梯階進校門，是一個半圓形大廳，左右兩旁是弧形梯階，可直上樓上教室，教室前是寬廣長廊，各教室前設有供學生課餘活動之乒乓枱等。各層樓外設有露天樓梯直達樓下。樓下設有學生服務部，供應學生用品。……天井露天，是一座設計獨特，通風良好的校舍，清潔衛生公用廁**

19 《南華早報（1928-3-27）》，但據 *Hong Kong Blue Book* 載學生約為 1005 人。

20 溫啟廉，字少曼，現居瀋陽，從事藝術工作，1939 年屆九龍華仁書院畢業。著有《魂牽夢縈 耄年憶華仁 —— 記奶路臣街舊校二三事》。

所，有專職管理工人，每日灑消毒藥水，保持得十分清潔。……校長室設在樓下右手長廊處，教員休息室也在樓下。

香港華仁辦學權轉讓與耶穌會

1929 年可以說是校監徐仁壽最成功、最值得自豪的一年。華仁書院在慶祝成立十週年之際，徐仁壽表示，在高中班，學校擁有一支由林海瀾領導的知名教師團隊，他們教授的華人學生在英語方面成效顯著。在中、初班級，則由一支實力強大的團隊負責；他們都是華仁的優越畢業生，接受培訓及通過認可的教師證書資格考試，充滿熱誠。[21]

為何在成績斐然的時候，徐仁壽竟把苦心創辦的華仁書院之辦學權轉讓給耶穌會呢？

原來，這時，學校財政曾出現重大困難，在華仁書院慶祝成立十週年的盛會上，時任署理教育總監 Mr. Edwin Ralphs（羅富士）演講時以輕鬆幽默的語氣指出學校學生人數逐漸增加時，創辦人遇到了財務問題，令徐仁壽度過了許多不眠之夜。在這問題的關鍵時刻，徐仁壽曾收過有機構願意承擔財務開支接辦學校，他可獲得薪酬繼續管理學校。羅富士說這段往事如今已不再是秘密。但徐校長拒絕接受，以不成功便成仁的決心堅守陣地，在他的悉心照料下，華仁書院並沒有倒下。[22] 時至今天更成為全港規模最大的同類院校之一，這也是徐仁壽一生值得自豪的成就。

---

21 *PAUL TSUI KA CHEUNG'S MEMOIRS.*

22 《南華早報》，1929 年 12 月 17 日；*The Hong Kong Telegraph* (17 December 1929).

在 1930 年至 1961 年任教九龍華仁書院的廖其銘老師，在他的《三十年來回憶錄》說：「1929 年 12 月 16 日舉行十週年紀念時，華仁不論在規模、人數、成績各方面都已到鼎盛的地位。因此他們為求學校有可久可大的前途，將學校歷年存餘款項，投資開設船塢，徐親赴英屬北婆羅洲哲斯頓（Jesselton），墾殖橡膠園，希望在經濟上獲得鞏固基礎，教職員可以按年加薪而且有養老之資。可惜『天不從人願』，過了幾年適逢世界經濟不景，他們的計劃受了很大的打擊。因此他們覺得想用個人的力量來實現學校可久可大的計劃並不容易，於是乃興起找尋適當團體承辦的念頭。恰巧天主教耶穌會派員來港展開教育工作，徐和林認定耶穌會是一個歷史悠久，人才鼎盛，力量充足的修會，為了實現華仁可久可大的願望，於是毅然決然先將香港華仁交由耶穌會神父接辦，戰後林又將九龍華仁照樣移交耶穌會接辦，他們對華仁有這樣高明的安排和交代，其辦學目的的純正實在值得欽佩與表揚！[23]」

徐仁壽的兒子徐家祥的回憶錄也記載，徐仁壽和林海瀾為這個長期投資，幾乎耗盡了所有積蓄，並背負巨額債務。為了解決這個危機，1931 年夏天，徐仁壽和林海瀾再與耶穌會神父進行多次磋商，達成了轉讓香港島的華仁書院辦學權之協議。為了確保不會對現有師生造成太大的滋擾，彼此訂立了一個平穩的交接安排：

1. 林海瀾辭去港華校長一職，由 Fr. Gallagher（嘉利華神父）接任；

2. 五位高級教員包括副校長辭去職務，由另外五位耶穌會神

23 *THE SHIELD*（《華暉》），1961-V9，這是引與徐仁壽關系密切的廖其銘老師回憶，其中更詳細的可參看 *PAUL TSUI KA CHEUNG'S MEMOIRS*。

父替補；

3. 徐仁壽仍保留校董和校監的名銜，直至 1931 年 12 月耶穌會接辦，正式退出所有職務；

4. 由林海瀾獨自經營華仁九龍分校，但校舍財產仍歸徐仁壽所有，徐仁壽繼續作為業主，定期收取租金。[24]

最後，耶穌會決定 1932 年 12 月 22 日（也有說是 25 日）正式接辦華仁書院。[25]

儘管耶穌會接管華仁書院的消息尚未正式對外公佈，但社會上早已流傳著各種猜測。1932 年 8 月 19 日，一位自稱是華仁書院姓馮的教職員致電《中國郵報》稱，華仁書院已以七萬元的價格出售給耶穌會神父，並將由 Fr. George Byrne 出任校長。徐仁壽馬上向《中國郵報》指出這一說法是錯誤的，華仁書院並未出售。Fr. Byrne 告訴《中國郵報》，徐將於今年年底從學校退休，並已作出安排，在 12 月底將華仁書院移交給耶穌會神父。這樣，辦學權轉讓與耶穌會後，華仁書院的去向便成為學校師生們關注的切身問題。[26]

當時，媒體紛紛猜測，有傳言稱神父會解僱所有華人教師，用他們自己的人來代替。這一謠言在教職員工和學生中引起了不

WAH YAN COLLEGE IS NOT SOLD.

A Denial By Mr. Tsui.

On Friday afternoon, a Mr. Fung, who described himself as a member of the teaching staff of the Wah Yan College, telephoned the China Mail that the College had been sold to the Jesuit Fathers for $70,000 and that the Rev. Father G. Byrne, S.J., was to be Headmaster.

Yesterday, Mr. Peter Tsui, Principal of the Wah Yan College, informed the China Mail that the statement was incorrect. The College has not been sold, Mr. Tsui definitely stated. Father Byrne informed the China Mail that Mr. Tsui is retiring from school life at the end of the year, and has made arrangements for the continuance of the College by it transference to the Jesuit Fathers. at the end of December.

Father R. Gallagher, S.J., Ph.D., becomes Headmaster, the legal Correspondent being Father Byrne, Procurator of the Order in Hong Kong.

There was no reason to doubt the original statement of the sale and the report was published in good faith. It is regretted if any inconvenience was caused Mr. Tsui.

The China Mail，1932 年 8 月 23 日

24 *PAUL TSUI KA CHEUNG'S MEMOIRS*

25 *PAUL TSUI KA CHEUNG'S MEMOIRS*

26 《南華早報》，1932 年 8 月 23 日。

1934 至 1935 年華仁書院 1A 班（大學預科班），（前排左起 5、6、9 及 11）：賴詒恩、嘉利華、華友仁及簡理察神父

小的震動，尤其是在暑假開學前夕。所以假期後有 5 名教師沒有回來報到，學生人數也減少到 472 人。

Fr. Gallagher 面對家長們心中的疑慮。他向家長們保證，在耶穌會的管理下：

1. 學校的政策和課程沒有根本性的改變；

2. 中文學習得到了迄今為止同樣的關注；

3. 以英語為母語的老師授課。[27]

為了執行協議，林海瀾在 1932 年 9 月 1 日離開香港華仁書院，轉到九龍華仁書院工作。香港華仁書院迎接了五位耶穌會神父加入為教職員。12 月 22 日，耶穌會正式接辦香港華仁書院，徐仁壽之後回到北婆羅洲他在 1929 年開辦經營的柏安橡樹膠園

27 Thomas J. Morrissey, S.J. *Jesuits in Hong Kong, South China and Beyond* (Hong Kong: Xavier Publishing Association Co. Ltd., 2008), pp.141.

Table IV.

CONTROLLED SCHOOLS IN RECEIPT OF A GRANT UNDER THE GRANT CODE.

ENGLISH SCHOOLS.

No.	Name and Nature of School.	Mission.	Number of Classes.	Number of School Days.	Maximum Monthly Enrolment.	Average Attendance.	CAPITATION GRANT.			Rate.	Total Capitation Grants of Columns 1, 2 & 3.	Remarks.
							1 Higher Classes. Average Attendance.	2 Remove Classes. Average Attendance.	3 Lower Classes. Average Attendance.	$	$	
1.	Diocesan Boys' School ...	C. of E.	8	½/372	418	358	82	202	74	40	14,320	
2.	St. Joseph's College	R.C.M.	8	½/371	717	649	92	391	166	40	25,960	
3.	La Salle College	,,	8	½/388	905	835	138	508	189	40	33,400	
4.	St. Paul's College	C.M.S.	8	½/366	406	301	55	146	100	40	12,040	
5.	Wah Yan College	J.F.	8	½/373	919	852	162	506	184	40	34,080	
6.	Wah Yan Branch School.	—	6	½/392	487	454	—	294	160	40	18,160	
7.	Ying Wa College	L.M.S.	8	½/392	294	255	26	124	105	40	10,200	
					4,146	3,704	555	2,171	978		148,160	

1938 年的香港政府私立補助學校統計資料（CO129-567-1）

(Pak On Rubber Estate)。[28] 儘管名義上徐仁壽已退出華仁書院，但直至他去世，耶穌會依然對他保持着極高的敬意，視他為學校的始創人。

為甚麼九龍華仁書院沒有同時交由耶穌會接辦呢？林海瀾在 1955 年九華畢業典禮致辭提到：那時在港的愛爾蘭耶穌會會士人數甚少，所以事與願違，祇能暫緩一步。他就繼續做九華的校長，戰後，耶穌會終於同意接辦了。[29]

在香港政府藍皮書《教育報告》的香港政府補助學校名單中，1932 年香港華仁書院與華仁書院九龍分校的辦學團體改由耶穌會管理，但 1933 年至戰前的 1941 年，《教育報告》的名單中，

28　香港最高法 1968 年第 628 號訴訟 HCA000628/1968 判決書。

29　*THE SHIELD*（《華暉》），1956，V4。

九龍華仁刪除了由耶穌會管理的事項。其實，九華當時已是獨立的政府資助學校，只是沒有更改原來九龍分校的名稱。[30] 這也可能配合林海瀾的說法。港、九華仁雖然在名義上脫枝獨立，但辦學理念和行政方針仍是息息相關的，政策也一致，無分彼此，也互相支援，九華的高年級一、二班的學生都要往港華上課。[31]

林海瀾接任九華校長

1933 年 1 月 1 日，周清霖退任九華校長，稍後與衛仲虞另辦「華聲英文學院」，[32] 林海瀾接任九華校長。學生人數共 369 人。

廖其銘記得，1934 至 36 年，雖然世界經濟大蕭條時代已結束，但世界經濟仍是不景，林海瀾常要向外借錢發薪。林海瀾深明「尊師重道」在教育上的重要，所以對於教員極其尊重，態度非常誠懇、非常謙遜，對教員有極親切的鼓勵。教員在授課時若遇了頑劣不易應付的學生，他必極力幫忙教員，以免教員在學生面前丟臉。[33]

1933 年，教育署改革「學年制度」，由以往從 1 月 1 日為新學年開課，改為九月開課；1934 年 9 月 4 日，秋季新學年開學制度確立。

1935，華仁舊生會正式成立（Wah Yan Past Students Association）取代 1926 年由兩所華仁學生共同參與的華仁舊生聯會（Old Boys' Union）。創會主席是 1929 年屆畢業生高福申。他連任十三屆主席，在香港日佔時期為華仁師生、戰後為窩打老

30 *Hong Kong Blue Book*, 1933.

31 九華的高年級學生是否都要往港華上課？李恩霖《敍香園往事》刊有一張 1930 年在奶路臣街正門拍的照片，卻標明是第二級員生合照，原因待查。

32 《華僑日報》，1934 月 8 月 12 日，「華聲英文學院」招生廣告。周清霖後來又回到九華任教。

33 *THE SHIELD*（《華暉》）1961 ，V9 。

1933 年九龍華仁書院第三班全體員生合照

潘志清神父（中席）與華仁舊生會會長高福申（潘神父前方）及嘉利華神父（右席）

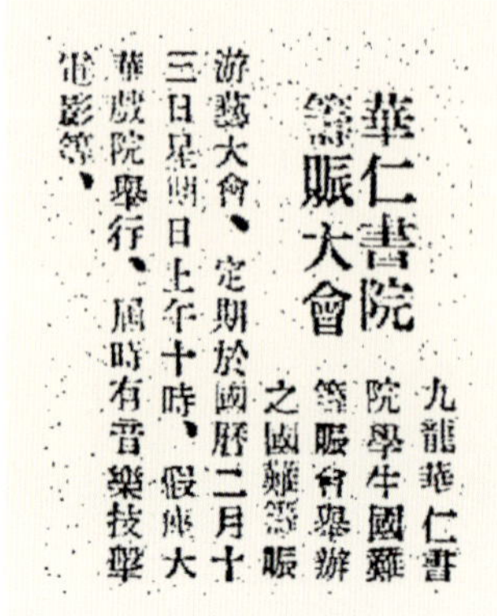

華仁書院籌賑大會

九龍華仁書院學生國難籌賑會舉辦之國難籌賑游藝大會、定期於國曆二月十三日星期日上午十時、假座大華戲院舉行、屆時有音樂技擊電影等、

華仁書院籌賑大會報道，《華字日報》，1938 年 2 月 12 日

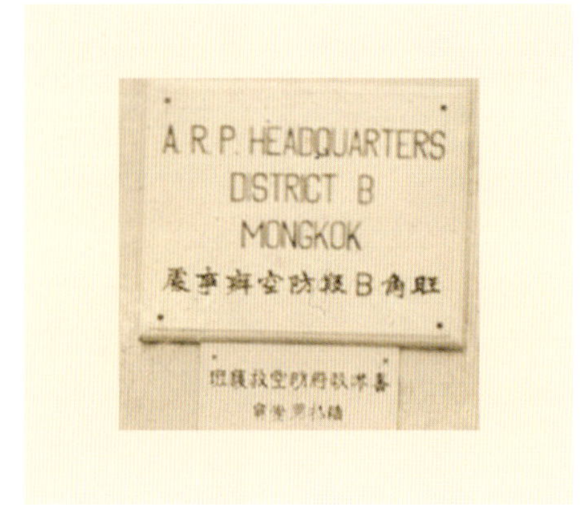

奶路臣街華仁書院門前的 A.R.P 防空辦事處牌

道校舍、番禺華仁小學貢獻良多。

1936 年 4 月 24 日九龍華仁第一屆陸運會在尖沙咀漆咸道九龍球場舉行；童軍擔當維持秩序的重任，日後一直參與。這次首屆運動會的頒獎典禮，由校長林海瀾及英文視學官義德華親自主持。[34]

在這期間，九龍華仁書院發展迅速，學生人數維持四百多人。學校雖然不是由耶穌會直接管理，但亦有耶穌會神父講授聖經，這是實踐了徐仁壽希望的「在意大利神父和耶穌會神父的幫助下，我所在的這所學院讓許多學生瞭解基督教的美好理想。[35]」

九華師生共賑國難

1937 年 7 月 7 日內地爆發的「七七事變」，成為中國全面抗擊日本侵略戰爭的序幕。在這一歷史時刻，香港華人社羣更積極

34 《工商日報》，1936 年 4 月 25 日。
35 《南華早報》，1929 年 12 月 17 日。

1940-1941 年度奶路臣街九龍華仁書院合照

國民政府行政院 公誼救護隊

證明書 第 字 號

本隊現負責管理中國國際救濟委員會及由行政院撥給之卡車運輸救濟藥物查艾瑞史君爲本隊隊員卽希各軍警處所予以便利是荷特此證明

右給艾瑞史君收執

行政院秘書政務處長

公誼救護隊隊長

Photograph of Bearer

本人照片

艾瑞史老師（Mr. S.P.Aras）加入國際救濟委員會的證件

（艾狄 Richard Aras 提供）

投身這場援助抗日救國的偉大行動。九華學生自動發起成立「九龍華仁書院學生國難籌賑會」，1938 年 2 月在大華戲院舉行遊藝大會，籌募善款賑濟國難。[36]

1938 年 10 月日軍佔領廣州後，不斷侵犯香港附近的寶安深圳、惠州和東莞，大批難民湧入香港。聖公會何明華會督自發出任「緊急難民救濟會」主席，推舉 Fr. Thomas Ryan（賴詒恩神父）為難民營管理專員，賴神父便動員港華的高班學生在粉嶺幫助安置難民，據說九華學生也有參與。該會除籌款外，並組織聯校活動，如與意大利修會學校為中國傷者提供醫療物資等。

1939 年初，港府在設立防空署（Air Raid Precautions

1939 年九龍華仁書院第三班員生合照

36 《華字日報》，1938 年 2 月 12 日。

Department，簡稱 ARP）港九市區設立多個中心，九華奶路臣街校舍成為訓練和評核的試場。

當年香港市面充滿援助中國抗擊外侮的熱烈氛圍，九華 6A 的班主任 Mr. S.P.Aras（艾瑞史老師）雖然是錫蘭人，但也給這種精神深深打動。1939 年 7 月他毫不猶豫地請了七個月的長假，加入國際救濟委員會的公誼救護隊，駕駛救護車，負責貴陽、貴州地區的交通運輸任務。他的行動和工作表現卓越，贏得了廣泛的讚譽。任務圓滿完成後，艾瑞史老師在 1940 年 3 月返回學校繼續授課[37]（他戰後繼續在九華任教，直至退休）。

Bishop Valtorta（恩理覺主教）蒞臨學校參觀

1939 年 6 月 22 日，香港教區 Bishop Valtorta 蒞臨九龍華仁書院，主教抵達時受到林海瀾校長的熱情歡迎，校長親自引領主教參觀了校園的每一個角落，包括所有班級。Bishop Valtorta 對所見所聞表示非常滿意，並讚揚教職員工們努力令教室整潔、令學生紀律良好，隨後，向學生發表了鼓舞人心講話並致送小冊子，以示鼓勵。主教還向高年級學生做了個小分享，強調了服從指揮、遵守紀律和熱愛學習的重要性。他在講話結束時，受到學生們的熱烈歡呼。[38]

37 *Principals (1924-1975) of Wah Yan College, Kowloon, The Log Books.*

38 《南華早報》，1939 年 6 月 23 日。

華仁書院（九龍）高級分校設立

其實，九龍華仁書院這時仍是一所初中學校，只有第三至第八級的課程。一、二年級的高中學生需往港華完成課程。「七七事變」後，內地遷港家庭增多，不能滿足學生對中學最後兩年學位的需求。1940 年，林海瀾邀請耶穌會在九龍開辦另一所高中，既能接收港九華仁書院的學生，又能保持獨立性。學校最後選擇了尖沙咀柯士甸道 103 號的地方（現今為天主教德信學校，原址

華仁書院九龍高中分校位於柯士甸道 103 號，今為德信學校

華仁於九龍設分校

（香港消息）香港耶穌會士主辦的華仁書院，於本年九月在九龍設立分校一處，已於同月八日正式上課。

按香港華仁書院，成立已二十有二年，係公教信友翟伯祿及林惠蘭二君所創立，至一九三二年改歸耶穌會士接辦，成績極為可佳。九龍分校則由林君一手主持，共設三班，畢業後轉學華仁高級班。今因香港華仁高級班人數過多，為便利九龍學生計，始於本年九月成立九龍分校高級班，由香港嘉院長担任指導云。

1941 年「華仁於九龍設分校」，《公教白話報》1941 年第 24 期

柯士甸道分校神父合照（左至右）：張光導、嘉利華神父、蔡伯德神父及戴禮安神父

已改建），成立「華仁書院（九龍）高級分校」，這樣九龍兩班高年級學生可遷到柯士甸道校舍上課。學校由香港華仁校長管理，原華仁校長 Fr. Gallagher 擔任教務主任，準備在 9 月 8 日開學。[39]

1941 年，《公教白話報》刊載了「華仁九龍設高中」這段消息：

> **香港耶穌會主辦的華仁書院，於本年九月在九龍設立分校一處，已於同月八日正式上課……九龍分校則由林君一手主持，共設三班，畢業後轉學華仁高級班，今因香港華仁高級班人數過多，為便利九龍學生計，始於本年九月成立九龍分校高級班，由香港嘉院長擔任指導云。**

雖然這時香港經已戰雲密佈，市面備戰氣氛緊張，對那些從內地逃至香港尋求避難的人来說，英文學校可謂供不應求。學校一經宣佈，申請者便蜂擁而至。但由於新校舍的教室容納不下 30 人，條件所限，兩班高年級學生總數不能超過 120 人，令很多超額申請者感到失望。

學校在 8 月 29 日進行甄別試，一共錄取了 140 名合資格的學生，已較原先預算招收的超額不少，很多成績優秀的學生還是被拒之門外。學校設立入學候補名單，如果有男生退學，可讓學生候補。 Fr. Ryan 認為如果政治局勢保持穩定，學校的前景將會一片光明。[40]

1941 年 12 月 8 日，學校開課才三個月，日本向英美宣戰，太平洋戰爭爆發，日軍侵略香港。林海瀾在《校長日誌》記載：

39 Thomas F. Ryan, *Jesuit Under Fire in The Siege of Hong Kong 1941, London: Burns Oates & Washbourne 1944:4.*

40 *PAUL TSUI KA CHEUNG'S MEMOIRS.*

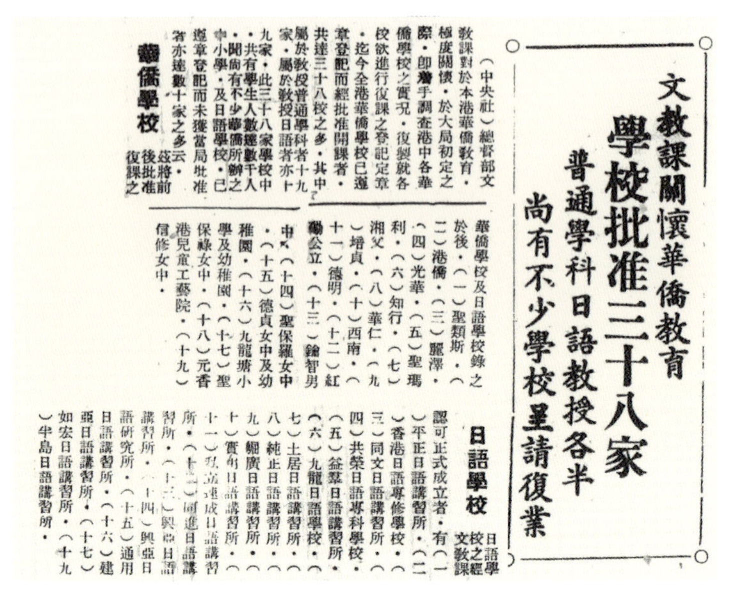

文教課關懷華僑教育

學校批准三十八家

普通學科日語教授各半

尚有不少學校呈請復業

（中央社）總督部文教課對於本港華僑教育・極度關懷・於大局初定之際・即着手調查港中各華僑學校之實況・復擬就各校欲進行復課之登記定章・迄今全港華僑學校已遵章登記而經批准開課者・共達三十八校之多・其中屬於教授普通學科者十九家・屬於教授日語者亦十九家・此三十八家學校中・共有學生人數達數千人・聞尚有不少華僑所辦之中小學・及日語學校・已遵章登記而未獲當局批准者亦達數十家之多云・茲將前後批准復課之

華僑學校

華僑學校及日語學校錄之於後・（一）聖類斯・（二）港僑・（三）麗澤・（四）光華・（五）聖瑪利・（六）知行・（七）湘父・（八）華仁・（九）培貞・（十）西南・（十一）德明・（十二）紅磡公立・（十三）鑰智男中・（十四）聖保羅女中・（十五）德貞女中及幼稚園・（十六）九龍塘小學及幼稚園・（十七）聖保祿女中・（十八）元香港兒童工藝院・（十九）信修女中・

日語學校

日語學校之經文教課認可正式成立者・有（一）平正日語講習所・（二）香港日語專修學校・（三）同文日語講習所・（四）共榮日語專科學校・（五）益羣日語講習所・（六）九龍日語學校・（七）土居日語講習所・（八）純正日語講習所・（九）鵬廣日語講習所・（十）實角日語講習所・（十一）私立速成日語講習所・（十二）同進日語講習所・（十三）興亞日語講習所・（十四）興亞日語研究所・（十五）通用日語講習所・（十六）建亞日語講習所・（十七）如宏日語講習所・（十九）半島日語講習所・

《南華日報》，1942 年 5 月 23 日

港九兩地遭日軍轟炸，只有極少數學生回校，回校學生亦被勸喻迅速回家。聖誕節，香港淪陷，全港所有學校停課，這所華仁書院（九龍）高級分校也關閉了。

日佔時期的歲月

香港淪陷後，12 月 29 日，林海瀾回到九龍華仁，把學校日誌、支票簿、賬簿及保險箱內現金悉數帶走。12 月 31 日，學校看更朱南新和數名校工造訪林校長，向他報告，這兩天有日軍及數名日本機關長官進入校舍，他們指令校工把所有桌椅搬進地面兩間課室，並清洗校舍，企圖侵佔校舍。1942 年 1 月 5 日，學校看更再來到林校長府上告訴他，日軍並沒有佔領校舍，原因是學校缺乏沖廁系統及衛生環境欠佳。但是 2 月 2 日發現鄰校被警衛兵借用作為總部，數名警衛兵來到學校取去部份桌椅。後來，林海瀾每兩周回校視察一次。4 月 10 日回校，發現所有乒乓球桌已被偷去。[41]

1942 年 5 月初，香港佔領地總督指令香港各學校可申請復課，初期獲准復課的中小學校，共達 20 餘間，香港華仁書院為其中之一。Fr. Edward Bourke 重開香港華仁「學校」，但只能教授中文和日文，英文和宗教科則禁止教授，這時華仁「學校」共有 170 名學生，其中只有 30 名停辦前的學生回校，但人數從未超過 250 人。[42]

九龍華仁不獲批准重開，然而林海瀾看中了在九龍塘的九龍塘學校校舍，便以他的名義，向佔領地總督遞交了九龍塘學校復校申請，並獲得了批准。在 1942 年 5 月 22 日的《南華日報》刊登：

> **九龍塘學校，學額 450；附設幼稚園學額 80，俱由林海瀾主辦。**

林海瀾的《校長日誌》記載，他得到批准通知後，在 5 月 20 日，馬上把九龍華仁書院的 250 張椅子及 125 張書桌「借予」九龍塘學校，以減少因日軍接管九華之損失。九龍塘學校的官方網誌，仍有這段記載：

> **由於戰爭關係，所有學校皆已停課。適值有一位以辦學為務的林海瀾向日本當局申請復校，且獲准重開本校，惟其宗**

---

41 周炳華：《耶穌會在香港的教育事業 —— 以九龍華仁書院為中心》，Thesis (M. A.)，未刊稿，The University of Hong Kong, 2005.

42 *PAUL TSUI KA CHEUNG'S MEMOIRS.*

益羣日語講習所

開始招收四屆學員

（本報專訊）九龍香取通五百九十一號益羣日語講習所，爲九龍半島日語學校開辦之最早者，學員衆多，成績優異，日昨記者到該所訪問，據蒙該所長汪松先生（畢業於東京專修，日本兩大學）殷勤招待，並引導參觀各班授課，教授管理，井井有條，查該所有教員三人（均爲留學日本及精通日語之士），分甲乙丙丁戊五組教授，時間爲上午八時至十二時，下午一時至五時，夜班爲六時至八時半，基本班課程爲拼音·讀本·會話·綴方·文法·作文（繙譯）等·深造班課程爲讀本·會話·文法·口譯等·月前該所以學員人數達二百餘人，正所無法收容，特闢分所於鄰近奶路臣街（即華仁書院舊址）現該所第三屆基本班學員修業期滿，開始招收第四屆學員，如各界有志研究日語者，宜速報名，以免額滿見遺云。

《南華日報》，1942 年 11 月 10 日

旨及課程與本校有異，並加插了日語班，日本當局更不時派人巡視。然而社會經濟日衰，家長未能負擔，學校最終只好停辦。戰爭結束，學校亦得以復辦。[43]

曾於九華任教的馬黃潔君老師，在香港日佔時期，為了可以繼續當教師，進入當時位於半島酒店之教員講習所接受日文及其他有關訓練，受訓完畢，前往九龍塘一間學校任教，她記得該校當時的校長正是林海瀾先生。[44]

1942 年 10 月 18 日，奶路臣街的九華校舍被九龍公務局日本長官徵用，給予汪松（Wang Chung）主持的益羣日語講習所為分所。11 月 10 日的《南華日報》報道：

> 九龍益羣日語學校所長汪松，特闢分校於奶路臣街華仁書院舊址。

43 九龍塘學校網頁 https://www.ktsps.edu.hk/1/01_4.html

44 《五十六號的星光：九龍華仁書院創校八十週年紀念冊》（香港：星島出版有限公司 2004），頁 38。

1943 年 3 月 12 日，林海瀾回學校視察，發現大批家俬失去，立即向汪松投訴；6 月 14 日，更發現校內所有電線、電燈及電掣已被偷拆，汪松只抱歉地說是被賊人偷去，但林海瀾得到了允許，取回那些破損的銀盃和盾牌。

重光初期的九華

1945 年 8 月 15 日，日本投降，香港重光。9 月 1 日，英國海軍夏慤少將在香港電台宣布成立香港軍政府。

社會秩序稍為穩定後，9 月 12 日，林海瀾與留港的教師商量，計劃學校在 10 月 1 日復課，於是在 9 月 14 日，聘請數名苦力往九龍塘學校搬回借用的桌椅。

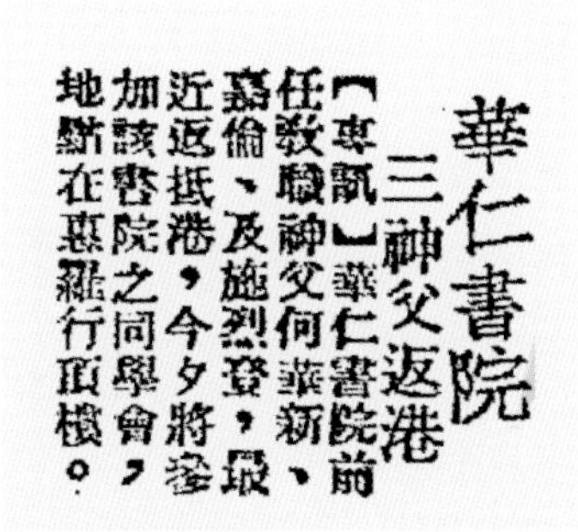

10 月 1 日，九華正式開課，總計學校停課達 3 年零 9 個月，這時市面尚未回復，也收錄原來的英文女校女生，讓她們在適當時候轉回原校，這些女生後來在 1946 年 1 月初，獲送往復課的瑪利諾修女學校。[45]

《工商晚報》1946 年 3 月 15 日報道

九龍華仁書院是香港最早復課的中學之一。隨着耶穌會神父相繼從國內、澳門、印度、星加坡等地回港，師生積極重修校舍，他們在簡陋的環境下繼續上課，部份的桌椅家具都是由學生捐贈回校的。九華的二十多位教職員中，七成都是戰前在校任職的老師，此為當時其他學校罕見的現象。

1946 年 2 月 9 日，學校在農曆新年假期後開課，但是由於校

45 *Principals (1924-1975) of Wah Yan College, Kowloon, The Log Books.*

譚壽文神父編輯首期《Eastern Messenger of the Sacred Heart》(取代《磐石》月刊)。博育賢神父為該刊物經理

舍設備尚未完善，新生須自備桌椅上課。從這學期起，新生入學費為 5 元。[46]

1946 年 3 月 16 日晚，華仁舊生會舉行戰後首次全體大會，齊向回港的耶穌會神父致敬據《工商晚報》1946 年 3 月 15 日報道，感謝 Fr. Ryan 在戰前支持舊生會，以及在香港日佔期間，在最艱難的情況下也維持華仁書院的運作。會議還高度讚揚華仁書院創辦人徐仁壽、林海瀾和高福申。高福申負責在戰爭期間向返回內地的華仁書院學生和舊生會提供經濟援助。[47] 在日佔時期，林海瀾沒有離開香港，他仍經常回九龍華仁書院視察情況。在三年八個月他始終不離不棄地堅守崗位，爭取保存校產，更嘗試在也在 1942 年 5 月接辦九龍塘學校，等待香港重光，使部分仍然留港的教師意志尚存希望。日軍離港後九華迅速可以復課，甚至可以協助其他學校學生暫讀，他的堅毅意志和專業精神實在令人敬佩。

46 *Principals (1924-1975) of Wah Yan College, Kowloon, The Log Books.*
47 《南華早報》，1946 年 3 月 16 日。

耶穌會接管九龍華仁

1946 年 4 月 25 日復活節假期後學校復課，九華的管理權正式移交耶穌會。Fr. Patrick Grogan（高伯仁神父）擔任校監，林海瀾仍任校長。校名按耶穌會規程稱為「聖心書院」(College of the Sacred Heart)，但耶穌會認為「華仁書院」這個名字，在香港聲譽卓越，教師、學生和家長會更願意學校保持「華仁書院」這個名稱，所以華仁沒有改名「聖心書院」。是年學生人數共 560 人。

9 月，新學期開課，林海瀾校長恭請耶穌會神父主持校務，於是高神父獲委任主持一切，而郭神父及 Fr. Patrick Toner（陶德萬神父）則為助理。這時的九華校舍原來設計沒有聖堂，神父只能在一樓的兩間教室暫作祈禱使用，每天為多名學生舉行彌撒。[48]

耶穌會接管九龍華仁書院後，1948 年 1 月，九龍華仁書院印行天主教英文刊物——《東方聖心報》(*The Eastern Messenger*)，取代戰前的《磐石》(*The Rock*) 雜誌，Fr. Edward Bourke（博育賢神父）、Fr. John Moran（武倫神父）先後擔任主編。

1948 年，學校招收第八班至第三班，共 14 班 550 名學生。由於登門求學人數實在太多，在這年增辦夜校，招生達 500 名之多。[49]

1951 年 9 月 6 日，位於奶路臣街的九龍華仁書院新學年開課，教育署實施英文學校新學制，第一班為中六預科班，第二班中五級、第六班改為中一級、而原來等同小五小六的第七、八班，分別改為 1A、1B 及 2A、2B。

---

48 聖依納爵堂 http://stignatiuschapel.org/history/，網上資料沒指明是甚麼時候和地方。

49 《華仁書院校刊》，1948 年。

WAH YAN COLLEGE
2,4 & 6 ROBINSON ROAD
TEL. NO. 21371
HONGKONG

9th November, 1946

The Director of Education,
Education Office,
Hong Kong.

Sir,

Owing to the Pacific War there is a dearth of schools in the Colony, and many boys find it difficult, if not actually impossible to find seats in those which do exist. Hearing that the military occupants of No. 15 Ho Mun Tin Road have left the building I wish to apply to Government for a continuation of the requisition so as to enable the Jesuit Fathers to establish a school on the site. We consider both the House and the situation very suitable. We realize that certain alterations must be made to ensure that the school conform to Government's requirements. These shall be attended to. We also realize that our tenure may be unstable owing to the possibility of the owner's reclaiming the property on the expiry of the requisitioning period. But we think that the opportunity is a golden one, and that we should grasp it. Both V. Rev. P. Joy, S.J., Superior of the Jesuit Fathers, in a recent letter, and V. Rev. E. Bourke, S.J. Headmaster of Wah Yan, in conversation before his departure on leave, definitely urged that we should start a school on Cherry Hill (No.15 Ho Mun Tin Road) even in face of the possibility of short tenure, which they consider, once we are installed, likely to become permanent.

I have the honour to be,
Sir,
Your obedient servant,

R. W. Gallagher, S.J.
Headmaster.

1946 年 11 月華仁書院嘉利華神父向香港教育當局申請校舍的公文

耶穌會物色新校舍

香港重光後，市面秩序漸漸恢復，人口增多，但是隨後國共內戰爆發，香港迎來了大規模的移民潮，加劇了戰後學校學位名額不足的問題。而且，學生們學習節奏匆忙，缺乏集體課外活動，有損全人教育的發展。事實上，在香港淪陷前，耶穌會已積極訪查理想地點，計劃擴展華仁校舍或興建新校舍。

早於 1946 年 6 月，耶穌會神父物色了何文田山道 15 號（15 Homantin Hill Road，或稱 Cherry Hill）。此地段原為政府徵用的私人物業，作為駐港英國皇家空軍（R.A.F.）的宿舍。耶穌會 Fr. Joy Patrick（蔡伯德神父）和 Fr. Edward Bourke 希望待這批英軍撤出後，政府延長徵用令，並以教育用途條件租借給華仁書院興建新的高級校舍，給由耶穌會管理的華仁書院作教育高年級學生之用，這項建議得到教育司贊同；他認為在此興建學校可創造至少 500 個九龍區學額，及可免卻 400 名學童每天乘渡海輪上課之苦，故面對尚有 70000 的失學兒童而言，此舉實為最有利香港的措施，興建學校比增設政府宿舍更為迫切。

然而，軍部指揮官於 1946 年 6 月 27 日及 9 月 6 日發出之函件中指出，該址原有的業主無意在徵用令結束後，租予華仁書院，而計劃留待安頓家人之用。11 月 9 日，Fr. Gallagher 再以香港華仁書院前校長的身份向香港教育局長發函，積極遊說政府在徵用令結束前，允許華仁書院遷往該址，以便與業主討價還價，惟政府並無答覆。最後租借建議便不了了之。[50]

火棚——窩打老道 56 號

何文田山道建立華仁高等中學的計劃雖然擱置了，耶穌會卻因此將計劃調整，Fr. Ryan 擔任愛爾蘭省香港傳教區會長 Mission Superior（1948-1950）很有遠見，一直設法為兩所華仁尋找新校舍，因此繼續向香港政府申請土地建立九華書院的新校舍。

最現代化的校舍
九龍正在籌建中

（本報訊）據德臣西報消息，華仁書院快要在窩打老道火車橋附近建築新校舍，來代替現在奶路臣街的那一間。除了學校當局自籌一百萬之外，港府將另津貼一百萬元。建好之後，它將成為九龍最現代化的校舍。該校舍共分四層，各課室可共容一千人。此外，它還有一個大的運動室，禮堂，和廣闊的運動場。

在興建前，他們還得先費一番工夫，先把新址的地盤弄平坦。預算最少在一年半後，新校舍纔可以建成。

新校舍的內部設備，現在還沒有完全決定。新校長古尼神甫現在美國，大約七月就可以返港，那時整個問題就可以決定了。

新校舍還是不收寄宿生，但晚上將開辦夜校。

1948 年 5 月 13 日《工商日報》報道

1948 年 5 月 8 日，當年的香港總督葛亮洪徵得英國殖民地秘書處同意，以私人條約方式給予耶穌會駐香港傳教團一塊約 20 萬平方英尺的土地。在函件中寫出該地位於九龍窩打老道「火棚」，耶穌會擬在這裏興建一所可容納 1000 名男童的學校。這所學校將取代現有的華仁書院九龍分校。這學校目前租用的校舍不足，只能容納 500 名兒童。葛亮洪總督說到華仁書院雖然名義上是補助學校，但實際上是一所政府學校，它的建立將為殖民地提供一所新的 1000 名學生的學校，這樣可省納稅人一半的費用。建議以象徵性溢價授予該場地，官地租金按該地區的正常費率收取，租賃條件將包括限制使用者僅用於教育目的的契約，並規定如果土地在任何時候不再用於其授予的目的，則應將土地無償歸還給政府。[51]

籌建九龍華仁新校的具體規劃，也在 1948 年 5 月 12 日的

50 *Principals (1924-1975) of Wah Yan College, Kowloon, The Log Books.*

51 CO129-619-7-1948。

九龍窩打老道「火棚」舊址

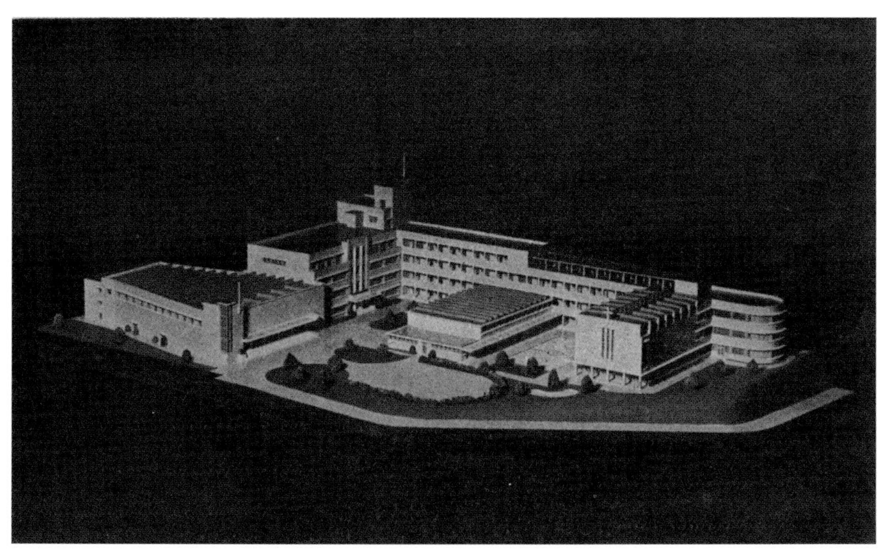

九龍華仁分校新校舍圖，原載 1948 年度《華仁書院校刊》

Fr. Ryan（左前）祝聖新校土地，高福申先生（中）主持動土儀式，Fr. Harris（中後）。

《工商日報》登載。

8 月 25 日的香港《南華早報》報道，Fr. Albert Cooney（康雅拔神父）從美國經日本和上海乘飛機抵達香港，接替 Fr. Bourke，擔任香港華仁書院校長一職。作為華仁書院的校長，他的任務是籌建一所新學校，看來華仁建新校舍，事在必行。[52]

1949 年 7 月，英國殖民地事務大臣同意葛亮洪對耶穌會撥地的申請，這批准通知發出後，雙方便不斷討論建築的方案細節。耶穌會說以前計劃的 20 萬平方英尺只是一個暫定數字，要求將批准的面積增加到 447800 平方英尺。這個專案允許建立一所大型的、一流的非牟利學校，葛量洪認為這將是香港的一筆財富，最好這所學校的工程儘快開始，因此，根據香港行政會議的建議，葛量洪批准通過私人條約將土地授予範圍擴大到約 447800

52 《南華早報》，1948 年 8 月 26 日。

九龍華仁分校校務概況

林海瀾

本校自和平後，即於是年（一九四五）九月籌備復課，俾各界人士之推許與員生之合作，不數月已復舊觀；更不敢自滿，力求進展。茲謹就其犖犖大者，畧述一二，以為關注本校者告。

鑒於戰後失學者多，雖校舍不能於暑期擴充，仍復就校內所可能者，多闢課室，盡量收容，冀克盡服務教育之棉力，計現在由第八班至第三班各級，共有學生十四班，合計五百五十人。然向隅者尚多，乃復增設夜學，收容五百人，此於廣大的渴學者羣中，似屬車薪杯水；然已竭努力以赴，使無一學額之虛懸也。

去年秋初，踵門求學者達七百人，為學額所限而不能滿足其願望者，達百分之七十。故本校除於設備力求完善外，更着力於校舍之擴展，以冀無負愛護本校者之期望；而各類球場之設置，則亦積極規劃，使其實現也。

抑戰後本港復員，以種種環境原因，各機關職員之復任原職者，多未及半數，尤以教員為甚，本校以同事間感情之聯繫，學校行政之公開，與夫各員生之擁護母校，故一經復課，各員生當然來歸。現職教員廿餘人中，為數雖不多，然有十分之七為戰前已服務於本校者，此為他校所罕有之現象。於此足徵平日管教上之週密，與夫學風之整肅，皆同寅等通力合作之精神表現者也。所賴以自慰者，亦即社會人士之殷望，其有瑕疵，則明達者想亦能恕而匡翼之。

林海瀾校長在 1948 年《華仁校刊》的文章，當時九華仍稱「九龍華仁分校」

平方英尺，[53] 也是今天校園的面積。

1950 年 3 月 20 日，耶穌會神父和華仁書院舊生會會長高福申在窩打老道新校址（K.I.L.6059）舉行動土儀式，高福申在工地上割下了第一塊草皮，時任愛爾蘭省香港傳教區會長 Fr. Ryan 為新校址祝福，建校工程隨即展開。校舍由香港大學建築系 Professor Gordon Brown（布朗教授）設計，永生公司承建；工程開始，移山填田，進行順利，全部工程在 1952 年完成。

新校園的建築計劃，校長 Fr. Toner 在「致愛護本校入仕書」[54] 回顧：

自戰事結束後，吾人即決志在九龍方面興建新校，幸蒙政府慨允撥出低地一段及小山一座，以作校址。當時吾人即憧憬將來削山墳地，便成優美校址；原定之整個建築計劃：有課室，有宿舍，有禮堂，有健身室，有聖堂，（現有校舍之北為聖堂之位置）有廻廊，並有水池，使樓影波光，彌增幽雅。校舍南部擬建禮堂，而健身室，則擬建於校門附近。全部費用約需四百萬至五百萬金，政府既允補助壹百萬金，故吾人對整個計劃之完成，寄予無限之希望；且社會人士認捐巨款者亦有多起。不料韓戰突發，本港經濟遽遭打擊，認捐者不少因環境關係，力與願違，殊憾事也！吾人迫得决定先從主要部份着手，至於禮堂、聖堂及健身室等，則暫緩進行。

53 CO129-619-8-1949。

54 1953 年《九龍華仁校刊》創刊號。

在經費及建材緊張之際，校園和校舍雖然縮少了規模，但校舍仍繼續進行，不久，Fr. Richard Harris（夏禮士神父）接替 Fr. Ryan，負責新校舍的興建，直至工程完成。[55]

「華仁書院九龍分校」更名為「九龍華仁書院」

1952 年夏季，窩打老道新校舍落成（官式典禮訂在 12 月），書院定在 9 月 15 日學校開課。雖然耶穌會已在 1946 年復活節假期後正式接管九華，但耶穌會仍請林海瀾任奶路臣街舊校校長，協議他直至新校舍啟用後才功成身退，交由耶穌會的 Fr. Toner 正式接掌。校名由「華仁書院九龍分校（WAH YAN BRANCH SCHOOL, KOWLOON）」正式改為「九龍華仁書院（WAH YAN COLLEGE KOWLOON）」。（「華仁書院九龍分校」更名為「華仁書院（九龍）」的年份，在戰後的政府檔案和華仁書院校刊仍稱九華為分校，在香港天主教區 Fr. Toner 的檔案則記載是 1951 年，按 Fr. Toner 在 1952 年接任校長，應是這年開始更名，1952 年較為合理。[56]）

林海瀾正式退任九華校長之前，得到奶路臣街校舍持有人徐仁壽同意續租，改名「德仁書院」，繼續辨學（德仁書院 1976 年遷至九龍美孚新邨，2006 年 8 月 31 日停辦）。

1952 年 6 月 11 日的《華僑日報》報道：

> **林氏自本年暑假起，堅決辭去華仁校長職務，就原日奶路臣街華仁書院舊址，開辨德仁書院。**

---

55 *Wah Yan College Kowloon 50th Anniversary.*

56 香港天主教教區檔案 www.archives1841.hk/In%20Memoriam/Clergy-Brother/P-Toner.htm

華仁書院窩打老道新校舍開幕典禮。（前排左至右）：高詩雅先生（教育司）、白英奇主教、葛量洪爵士（香港總督）、夏禮士神父（會長）、總督夫人和陶德萬神父（新任校長）。（後排左三至五）：林海瀾先生（卸任校長）、布朗先生（建築師）和賴詒恩神父及（右三）徐家祥先生（華仁創辦人徐仁壽先生之子）

九龍華仁書院窩打老道新校舍的學生都是來自奶路臣街校舍和香港華仁下午校的學生。教職員也是來自港島和九龍華仁的教師和職員，舊校的工友也遷入新校（1950 年華仁上午班是政府津貼學校，下午班則是私校，收月費 60 元）。因此，香港華仁書院亦轉回全日制學校。

上午 8:15 的手搖鐘聲一響，華仁便邁入歷史的新里程。[57]

10 月 17 日，九華決定全體學生從此須穿着校服上課；規定夏季校服為白色襯衣及白西褲，冬令時西褲改為灰色，校褸是深綠色的，布料由英國進口。[58]

57 *Wah Yan College Kowloon 50th Anniversary.*

58 *Principals (1924-1975) of Wah Yan College, Kowloon, The Log Books.*

窩打老道新校舍啟用典禮

12 月 12 日，窩打老道五十六號的九龍華仁書院新校舍正式開幕，港督葛量洪爵士伉儷蒞臨主禮。主席台上，有九華書院校長 Fr. Toner、天主教香港教區主教 Bishop Lawrence Bianchi（白英奇主教）、耶穌會會長 Fr. Harris、創辦人徐仁壽之代表徐家祥、卸任校長林海瀾、教育司等約十餘人。觀禮嘉賓席上約有 300 人，加上歷屆的華仁師生，警察銀樂隊現場演奏，盛典氣氛非常熱鬧。

港督葛量洪爵士演詞說：

余熱烈祝賀九龍華仁學校當局建成此一美輪美奐新校舍，後者並非由舊校舍改建而來，乃一全新建築，規模雖大，但非奢侈，工程現尚未完全竣工……。教育對學校所貢獻者為何？從教育觀點而言，不僅只求最佳之磚與灰而可得一良好之學校，真因不是磚及灰而施教者，而有賴於學校，當局及其教師，玆為求此問題之答案，吾人所應為者，即須查詢舊校之施教情形如何若。吾人所知者係屬優良，現在吾人以得一上等校舍，俾能實施上等教育互相調和矣。

愛爾蘭省香港傳教區會長 Fr. Harris 在開幕會致詞稱：

本校新校舍今日舉行開幕典禮，蒙諸位惠然前來，余實喜得以向諸位致敬。吾人特號感謝總督閣下蒞臨主持開幕典禮，葛量洪夫人亦賞光蒞臨。本校新校舍之開幕，實現吾人懷抱已久之一個偉大理想及計劃之局部實現。在過去二十多年來，吾人久已在港擔任教育青年之工作。吾人之鵠的非僅在於造就若干有知識學問之青年，而在於作育青年，使其能有高超思想，良好道德，高尚人格，之所敬事天主，愛護國家及同羣。一言以蔽之，使其成為符合人類創造者及拯救者所擬有之理想。此崇高而重要的目的，非僅限於普通教學而已。為求達到如是之理想，固非僅藉有效率之計劃與大量生產方法和收事功者也。每一學童，吾人負責其作育之神聖職責，必有賴於慈愛與同情，以助其自發，不僅限於其記憶與悟解，且其於所應有之人類貞忠、誠實、勇毅、自制、仁愛及盡職等美德，再其次，及於禮貌與互助諸事。凡所以實現此理想者，莫不悉力以赴，學生由孩童以迄成年，上述各種美德之業成，固非有賴於優美之校舍與良好環境及廣大運動場者也，本校學生，其所受本校之影響，非僅限於其中誠之聯繫，且有及於普通人類情感與幻想。[59]

Fr. Harris 演說完畢，港督葛亮洪爵士與參與盛會貴賓，在校長陪同下，步至學校大門前，由建築負責人將門鑰遞呈港督，葛高洪爵士啟鑰後，宣佈新校舍開幕！九華學生齊聲三呼，窩打老道 56 號九龍華仁書院展開新的一頁！

59 《華僑日報》1952 年 12 月 13 日。

1924

第二章

創新校園　師生足跡回憶錄

2024

百年樹人 感恩之旅

—— 既知緣何上路 萬水千山等閒

前人不顧前路艱辛，仍然奮進。困乏多情，愈顯主榮。

百年感恩之旅的啟動，尋找往日您我同行的足跡。雖然時光沖散了沙丘的足印，您我携手懷念校園生活的點滴，不是飛鴻雪泥，而是在童真的歲月年華，重新描繪那歡樂的片段，看似花絮般零散，實是真情默默的扣緊。耶穌會靈修的意識省察傳統更曾經多年來潛移默化地塑造了我們的身心靈。

這個懷舊的部分主要內容是源自在校同學和一些熱心校友利用一年多的時間，個別的和小組的形式訪問了四百多位校友，合力描繪九華搬至新校舍開創教育的新格局。訪談集中三個問題：1. 新校園的整體環境和對學習制度的印象；2. 最深刻的老師（包括神父和教師）或同學；3. 九華教育的對他們最重要的影響。四百多位校友自發地表達的由衷之言，將以不記名發表，讓他們坦誠地分享心底的真情，實際上有非常重要的啟示。

這個部分的文字是懷舊內容，撰寫時不會追求以穩固的結構作表述，也不會透過清楚的系統作分析。懷舊的表達像花絮般或碎片式的描述，隨着意識的思想跳躍和流轉。回憶重視紀錄真情的流露。它包含着無數生活片段的印象，是零碎的，卻能帶出多姿多彩的生活小品。更重要的是，它代表當事人沉靜下來對生命歷程的反思，這也吻合耶穌會依納爵意識省察（*Examen*）的精神。

一位 1983 屆的校友開門見山地勉勵負責探訪的在校同學：「我們進行的口述歷史，真希望有成果。我們以前不懂得多謝華仁，到現在幾十年後才識得把感受跟大家講返，要等幾十年之後，現在有機會先跟你們這些師弟講講，讓你們可能早些明白這個道理，知道有些甚麼好處，即是加強你們壁報板上面提及的 Reflective learning。以前我們沒有提過這個概念，而要靠自己慢慢領會；不過對有我們也有好處，因為當時好多神父，他們又教書，又會潛移默化培育學生，我們慢慢去領會，學習依納爵的意識省察一下自己的感受。」

這四百多位校友和老師像進行了一次集體省察，重溫舊夢，讓他們的心聲重奏七十多年窩打老道 56 號的交響樂。師生友情的足印，避開了時光的洗禮。我們携着這些回憶的碎片和感恩的花絮，更結合了八十年校慶《五十六號星光》記錄的珍貴回憶，現在撰寫出這段回憶旅程的交響樂。它的內容分成五個樂章：**校園演變說當年**、**教師植苗獻心力**、**幼苗成長展生機**、**懷舊自省謝師恩**，和最後一章的總結 —— **蒙恩百載冀傳承**。這首交響樂實際未有終結，我們期望在這次回憶檢視之旅能夠確認過去的努力，同時協助把握傳承的方向，讓師生的友情能繼續共唱未來百年樹人之歌。

校園演變說當年

校園環境與氣氛的思念

三年零八個月炮火沖散了奶路臣街的校園，來自愛爾蘭耶穌會傳教士的信仰賜給他們遠大的願景，他們竟然選了「光秃秃」、到處長滿野草的窩打老道56號作為百年大業的基地，我們怎能不肅然起敬。

像筆者一樣，好幾位是九華新校舍的老街坊。筆者的三哥也是奶路臣街的舊生，隨着搬遷踏進新校。一位住上海街的校友，在騎樓直望到窩打老道上的九華校舍，當時並無建築物遮擋，甚至可以遠遠看到京士柏小山坡上面的房子。窩打老道有條大坑渠，是條大明渠。九華正面的車路前便有一條小橋般的行人路走過廣華醫院！這條明渠一直從油麻地果欄避風塘通往九龍塘近獅子山腳。學校側門著名的「天梯」可以直接穿過窩打老道而聯接碧街和彌敦道。由於鄰近廣華醫院，這個區域一帶有不少殯儀館。學生日日都路過，有出殯行列時「叮叮叮叮叮」都見到聽到。

在50年代踏入窩打老道新校舍的校友，他們還記得在奶路臣街舊校時，校長是林海瀾先生。他外貌嚴肅，但熱誠認真。在戰爭期間和戰後復原初期，他堅守這個舊校舍，獲得當時教師和

1950 年代校園的面貌

1930 年代早期的老師合照

窩打老道校舍開幕典禮

建校之初

五十年代足球校隊

學生的尊重。舊校的飯堂很小，午飯的餸菜豐富，還附有水果，每碟只售五毫。奶路臣街校舍乾淨，不寒不熱，是個好地方。

九華遷進窩打老道現址後，學生人數大增。新校地方很大。1953 年，學校仍未有禮堂，那位置是「光禿禿」，到處長滿野草，很少樹木。校友的回憶中，這新校舍只有一塊很大有沙有雜草的地，準備鋪成草地球場。另外還有一個大的和一個細的沙地球場。一有風吹起，帶來窩打路道對面的風沙，情況很不理想。當時公教學生神師 Fr. Foley（科利神父）從他認識的一個在政府漁農處工作的學生取得很多樹苗，一有空閒時間便帶着幾個工友，到處種植苗，直至他在 1958 年離開。

此外亦有些同學自己出錢買些植物種在校園，不過都是平價植物。由於經費原因，種的草都比較廉價的品種，他們發覺這些劣質的草「篤腳、篤襪」。當時體育老師「高佬」李鏡澄，遇到體育課有些微雨時，便暫停體育活動轉而帶領同學到操場拔草，誰拔草最好就會獎支鉛筆。無論怎樣，大家都感激 Fr. Foley 和工友辛勞替校園拓展成樹木林立。師生種草情誼重，後輩享用感恩濃！

一位非建築專業的校友有一個相當專業的回憶：整幢校舍樓高四層的主建築是教學之地，由當年香港大學建築系教授 Gordon Brown 設計，他是最早來港籌辦建築系課程的開荒者。校舍新翼則是後來加建的，但仍然沿襲簡單樸實的風格。整幢校舍只用上很簡單的材料，表達手法直接，線條比例恰當優美，通風地方也做得很好，很切合香港亞熱帶又熱又多雨的天氣。

校園布局美，有長廊、有蜿蜒梯級、有大窗，透進天然光，還有很多很多的綠。典型的現代主義設計風格，重視的是陽光、通風和功能，不搞多餘的裝飾。透光的方式，校舍的布局，有板有眼。樓底高，有球場，有草地。

在其中一棟樓，中一、二教室外的露台就會變成一個看台。從大門走上車路，若向右望，可以看見獅子山。那時廣華醫院只是幾幢一兩層高的小屋子，醫院旁邊有一大片空地，不少人在休息玩耍。窩打老道中間仍然有明渠從培正中學一直經過，穿過彌敦道、新填地街出海。九華在 50 年代這個景象在 1958 年上映的電影《青春兒女》內清楚可見。

當年的陸運會亦是在逐漸鋪成草地足球場進行。1953 年朱志成老師已執教體育，他比較重視足球。開始時草地足球場有很多洞，同學不敢在草地場踢球，因為神父很重視保養，只有校際活動、校隊練習和校運會才可使用。不過球門後面還有一大草

有位老師推斷，這張照片大概攝於 60 年代中期。這時，7 號房外草地上的南洋杉很矮小，簕杜鵑已長滿一樓整排欄杆

校舍的主樓由建築大師 Gordon Brown 設計，極盡心思

主樓坐北向南，百葉窗式的外牆設計可避免陽光於下午時分從南面直接照射

同學正在觀賞草場上的比賽

1954 年畢業校友 Kingsley Wu 念九華時覺得這條走廊一大片灰色，未免令人沈悶，於是用粉筆畫上黃線。當時校長覺得好看，就請油漆匠在線上髹上黃色漆油

投入地觀看着五十年代接力賽是一批大家熟悉的老師

校際籃球賽

前校長蘇中平先生少年時跳高的英姿

地，同學如果不太嘈吵，還可以在那裏踢踢球。草場旁沿幾級樓梯再上便有一塊小小的沙地，同學在這裏有不同的活動，包括當時流行的「打波子」，小息或中午的時間都很熱鬧，是低年班同學的摯愛。這個小沙地再上幾級樓梯是一個頗大的沙地足球場。這個石地鋪沙造成的足球場，很易滑腳，摔倒時會擦傷得很厲害，沙粒會黏在傷口上。

這個沙地的足球場卻是 50 、 60 年代體育活動的中心，在這相當合標準的小型足球場，中午和下課的時間滿是各級的同學在享受足球競技。球場近衛理道那邊設計了一個跳遠的跑道和跳高的沙池，日常的體育課和校運會部分活動，便在這個沙地運動場進行。當年蘇中平校長唸書時便經常在這個沙池跳高，他還在運動會中取得跳高冠軍。

在學校的草地球場上，同學度過許多快樂的少年時光。對於一些同學而言，足球場宛如神聖的殿堂；在初中時期，無論是清晨、課堂之間休息、體育課、午餐時間還是放學後，他們都會盡情踢球，直到夜幕降臨，才匆匆趕回家吃晚飯。無數校友母校念念不忘這些天真無邪的日子，因為九華默默無言地孕育着他們，他們努力的汗水和勝利的歡呼都深深地留藏在他們的記憶之中。

另一個校友懷念的光景是聖堂的落成。在當時仍然是比較簡單的校園，他們親眼看見開幕的情景。這座設計新穎的教堂在九龍區域少見，帶給師生很強的自豪感。聖依納爵堂成為主要的建築物，建築物的外牆設計非常有特色，太陽光照射之下形成的倒影更很有藝術感。它的樓梯兩旁，夾竹桃樹茂盛生長。

網球隊。左一為方學良神父，右一為狄恒神父

朱志成老師指導同學做體操

教室的落地玻璃窗（french window）可以完全打開，課室空氣非常流通。但是曾有幾次，大風吹鬆了窗扣，窗門猛力關上，玻璃破碎，弄傷了同學。50年代的同學已經相當喜歡新奇，有些不要行正面的大樓梯，反而從聖堂旁邊的斜坡衝下去，雖然前面是塊空地，跳樓梯實際非常刺激。

當時的校舍建到 cafeteria 為止。餐廳實際是個有廚房的飯堂，學生覺得很方便。小學六年級課室設在餐廳下邊，現在變成音樂室。除此以外的建築，都是後來加新建的。有位校友特別提起，他畢業後十多年再返校的時候，1970年代泳池建起來，但原來沙地的小型足球場的面積卻起碼減少了三分之一。

同學印象深刻的還有側門長長的「天梯」，同學走上走落，梯高而斜，很快便可以落到窩打老道。學生覺得這條通道非常方便、簡單而直接，對油麻地佐敦方向居住的學生特別有用，尤其趕返學上課時，一分鐘之內便可衝上梯頂，安然踏入校園。

踏入上世紀60年代，新校園已渡過草創的階段，逐漸成型。一位50年代末年走進這個校園的校友回憶當年興奮的心情：「入讀九龍華仁可以說是我人生入面最開心的一段時間，跟我小學的經驗相差好遠，因為第一這個校園真靚，又夠大，跟我小學的校

我校視野廣闊、空氣清新，令人心曠神怡

在 1959 年建成的聖依納爵堂是個長方體；外牆鏤空，可通風、可採光，設計獨特

聖堂外牆上的圓孔和十字孔，把光線交織成美麗的圖案

聖堂後一樓的房間，曾是學生會總部的所在。由樓下的聖堂走廊望上草地，如有人經過，會不見人面，只見腿腳，頗為有趣

從聖堂外側，可看到學校對面一些大廈；不少同學曾光顧樓下的食肆

西閘的樓梯，是上學和放學的主要通道之一

園是天同地之比。另一個令我有好深印象的，就是校園內，每一個人都好似很平等，這是許多公司或一般工作的環境很難感受得到的。」

這位校友的感受，實際是許多 50 、 60 年代甚至 70 年代校友的集體記憶。不錯， 60 年代校園開始增加設施，不過運動場（草場和沙場）仍然是同學最熱衷玩耍的地方。同學尤其喜歡踢

不少街坊走上這條「天梯」，前往京士柏晨運

足球，無論是上課前、小息、午飯還是放學後，硬地足球場總是人頭湧湧，多隊人同時踢球、若干個小型足球在場上穿梭滾動。到了星期六、日，同學也會回校踢球，彷彿擁有無窮精力，從來不知疲倦。

這些共同的回憶處處可見，例如一位 1971 年畢業的校友有以下的回憶：「我有不少深刻的經歷，首先是校園，很大的空間。我不大喜歡到圖書館讀書，反而喜歡坐在草地上、在樹底下，讀起書來特別有味道，大自然環境的空間，印象深刻。其次是老師，尤其是神父，對我的影響很大，給我學習的自由空間，一個服務社會熱誠的感受，做個真正傳統的讀書人。第三，我們還可以參加不同類別的課外活動、學會，包括一些宗教學會。」

另一位 70 年代的校友很自然地流露出對舊日生活的美好校園的緬懷：「華仁當時的環境很好，尤其有一個很廣闊的視野，由校長室外邊的草地，當年沒有欄杆阻礙，可以隨便行出去，坐

六十年代丙組足球校隊

五十年代丁組足球校隊

六十年代丙組足球校隊獲獎

七十年代，有些樓梯圍欄，種滿攀爬植物

在那裏望出去，望着草場，雖然草場的草未必那麼青綠，但仍然有一個很好廣闊的視野，令他覺得整個人的眼界都好像望得遠，起碼望着出個草場，望得好遠，人感覺很很舒服。」

還有一位 1975 屆的校友也具體地描述了校園的空間：「我最深刻的經驗，學校有好多層次的空間：校園的地方大，有草地，有好多球場；另外一個空間，是學生有個自由空間，好多空間自己去學習，有好多學習設施，譬如圖書館、溫習室等；另外學習的氣氛自由而沒有強迫性，很多選擇，這是思維上的空間，印象很深刻。」

禮堂的設備亦愈來愈進步。那些喜歡去圖書館閱讀的同學很享受這個空間，雖然圖書館的書架遠比現在的少得多；他們特別欣賞館中一角的一個大玻璃櫃，佈置得非常雅致，每天只展示圖冊中的一張頁面。玻璃房（common room）也非常受歡迎，每天

禮堂兩側都有草地。學校充足的空間，令人有自由自在的感覺，較易孕育創意

都門庭若市。大批同學在裏面用餐、下棋、閱讀課外書籍、研究功課、討論問題、交流觀點，各得其所。

多層次的自由空間孕育着身心社靈的成長，也是百年樹人不可或缺的營養素。

到了 70 年代，香港社區缺乏康樂設施。每天早上，大約有一二百位街坊進入我們的校園晨運。筆者當時健在的父母親也是常客，他們還認識了 Fr. Naylor（魏志立神父），顯現這份温馨的社區情誼。這些「九龍華仁公園」常客很懂自律，上課前，他們都會自覺地離開。九華學生都習以為常，學會了與他人共用資源。這種與社會息息相關，跟社區默默相連的感情，既是學校師生實際是校園環境開放、包容和所謂平民化的具體表現。60、70 年代交接的校友直言，他家人不選擇有錢孩子進入的名校，就是因為九華「比較普通」，希望能夠透過教育提高孩子的能力，將

校園景色淡雅清麗，令人覺得輕鬆舒暢

七十年代，有同學喜歡坐在樹下看書或交談

禮台的傾斜地台，使每排觀眾的視線不受前排所阻。禮堂兩側的斜板，可把聲音反射，營造更好的聲響效果

加建的東翼因其向西而沿用了橫向的 Brise-soleli (break the sun)，減少西斜熱的影響，外形與主樓左右呼應

來可以回饋社會。

一位 1975 年畢業的校友記憶力特強。他清楚地指出九華當年的特色，包括 85% 以上住深水埗類型的公共屋邨，或者比較舊區。華仁學生，都屬於普通的家庭，甚至不是中產。他在中一的時候，有位同學開始是由司機駕車送到課室外的停車場，但幾日後，他卻步行上停車場。原來他不想別人見到他有司機接送，所以請司機提早一個街口便讓他下車，自行走上課室。他認為從九華可以看到社會的「mobility」，階層之間的 mobility 可以發揮很好很大的作用。當年住彩虹屋邨的，現在已變成社會知名人士。九華的教育是有教無類的，肩負着社會責任，透過教育轉化成社會梯階，真正達到其中一個重要的教育目的。他相信教「好學生」同「教好」學生是兩回事。「我們作為校友，希望幫助學校『教好』學生，而不停留在希望教『好學生』。」

到 80 年代初期，校友記得窩打老道當時的交通並不繁忙，砵蘭街和廣華街有不少從事殯儀殮葬業的店鋪，售賣花圈、花牌、棺材、碑石。羅定邦樓尚未興建時，只是一片草地。當時也未有游泳池、語言實驗室、電腦室。美術室在現時地理室後面，綜合科學室在現時的西洋歷史室。周會在禮堂舉行，而非教堂。全校一個空調教室都沒有。不過教與學的活動蒸蒸日上。1984 年，學校成立 60 週年，舉辦開放日，場面十分盛大，三十多位同學在停車場表演健美操；全體同學均參與開放日的工作。

校友認同 90 年代學校維持空間自由開放的原則，只要不影響他人，學校完全支持大家善用課室與校園設施，不會無端限制或監控。當年需要應付會考及 A-Level 兩次公開考試的同學，在家中難以專心溫習，但外面的自修室空間難求；許多同學因此索性放學後留在課室內溫習，天黑才離開。後來，越來越多同學加入這個「溫習羣組」，十多人每天（包括週末）都會留在課室。校工不會驅趕同學，每天打掃過後就允許他們留在裏面，互相切磋砥礪。他們累了，就一起吃飯或到球場打球。他們絕不吝嗇互享學習資源，甚至在課室內建立各科的歷屆試題檔案庫！

1980 年代末期至 2005 年，學校有三間教員室，學生自出自

羅定邦樓開幕禮

羅定邦樓

入，熱鬧得很；師生關係非常緊密。2005 年，教員室三合一，搬到化學實驗室。由於教員室會由地下搬上了一樓，而且老師座位的空間會大為減少，搬遷前夕，不少老師擔心師生關係會較從前疏離。幸好，只是初期如此而已。校友回想他們繼續在午休或放學後去找老師，討論深入的課題，因為這些神父和老師的教學認真，內容甚至是大學程度的學問。他們學到了許多課程中不會教的內容，對學習產生了更大的興趣。神父對他們的啟發多年不變，成為校園文化的精神支柱。

一位校友懷念 1990 年代寧靜的校園環境，這個「九龍華仁公園」仍然是他最珍惜的空間。這位校友逢星期天參加彌撒，而平日在聖堂旁的長廊是一個寧靜的地方，可以散步默想。

一位 1993 屆校友覺得校園很「luxurious」，在油麻地一片寸金尺土，擁有一個大球場、一個接近標準泳池、三個網球場、

「波鞋樹」。同學把穿破的球鞋，拋到這棵樹上

一個石地足球場，已經非常奢侈。許多名校都未必能比得上。現在回望，當年年少無知的我，覺得好理所當然「Take it for granted」，有這麼大塊的草地便去玩。因為其他小學生或中學生都要在學校的天台做運動和上體育課。有些中學的體堂可能都規範化，老師教你射一下龍門，或打一下籃球，而我們都很期待每個禮拜的 PE 堂，我們則自由而多選擇。至於學校其他設備或配套都不錯，包括實驗室、電腦室，在 1993 年已算相當前衛。

在 1998 至 2000 年間，校友興奮地描述下課後學校的走廊的熱鬧情況；同學使用「486 電腦」收發郵件、上網、玩遊戲。這些已有五年以上機齡的電腦速度很快，令人難以置信。原來，九華學生電腦團隊向學校提出申請，接收了廠商一些舊電腦，然後加以升級，他們捨棄微軟系統，盡可能使用 Linux 系統，連繫上國際網路。這樣，用幾千元就建設了校園網路。其他學校可能要用幾百萬港元才能實現同樣的目標！

時光之輪轉到 2004 年的一位校友的回憶，他特別深刻的印象是「華仁徑」設計的過程。學校得到政府資助這個項目，他支持成志強老師把學校的樹和植物都貼上標誌 label，之後以 3D Imaging 方式紀錄上載網站，以供觀察。這個「華仁徑」成立之後，需要人力支撐保持，他向一個姓嚴的師兄問可不可以參與，這個師兄說:「只要你問就有得做喇。」原來九華教育自由的意思，其實好多東西是要自己爭取或者主動去問。「華仁徑」固然學到很多東西，包括技術性的工作和人際合作關係，不在書本裏學，也沒有固定的規矩去辦事，而是與人互動中學習。

一個 2012 年畢業的校友回憶的焦點則在課室的情況。他跟採訪的同學實地視察，指出現在的 music room 被他們當年稱之為「廢墟」，因為裏面有許多樂器和琴之類的東西，還有些很粗的紅藍白膠袋。最神奇的卻是這個地方既是間房，又不是間房，原來是一條通道，但當時的同學走堂時很容易走進這裏，「好似哈利波特的神秘密室」。「我們當時就用一些荒廢的鐵櫃堆在一起，弄成一個密室。若偶爾有人行過，突然聽到有人聲、甚至麻雀牌聲，這些人更可能走進這個密室參加大家的活動。不過，現在這個密室已轉型換新，昔日的奇妙怪事已不復存。」

這位 2012 年的校友「巡視」到課室時很留意一些細節，包括燈和風扇。現在己經不用「關刀扇」，改用小型風扇仔。當時 Fr. Naylor 提倡環保，夏天都不准開冷氣，他入課室便熄冷氣和開窗，同時不要開燈上堂。

在這個校園繼續發展，但在 2012 年畢業的校友心中，足球場的地位仍然非常重要。他們始終以此為榮，香港沒有多少間學校有這類設施。不過當時球場的草已很爛，基本上足球活動已不多的，反而變成一個田徑多於足球的場所。一位參加足球和田徑的校友記得在球場進行日常田徑隊練習，大家選擇不同地區進行不同的運動，互相遷就，尤其在球場的邊緣適合標槍、鉛球和鐵餅等運動。「張 Sir 會教跳遠，在跑道的盡頭跳遠，我們放學便立刻落去跑和練習，練習完也在足球場踢波，踢到天黑，直至看不到那個波才離開。」

一個標誌性的校園發展在 2014 年 9 月新學年出現，舊有的草足球場披上新衣，換上一個仿真草全新草地足球場。2004 年由一眾華仁舊生創立的華仁一家基金會，目的是籌款改善華仁教學質素，如實行小班教學、師資培訓、德育和全人教育發展等，初期計劃籌款港元 1 億元，供兩所華仁十年使用，基金會成立以來舉辦多項籌款活動。這個全新草地足球場斥資一千三百多萬元興建，以第四代仿真草為主要鋪蓋物料。由於不需要額外鋪設塑膠顆粒，新草地比傳統的人造草場更符合環保原則。新校場給予同學足球活動一個全新的感覺。

學習方面，一位 2015 年的校友比較謙虛地說，許多時需要老師或其他同學的指導，包括組織活動可能涉及金錢、人力、時間安排，班主任老師非常重要，需要感謝他們，尤高中時候要溫習 past papers 去應付公開試。

校友覺得學習制度自然跟年級有關。2015 屆的校友在 Form 4（中四）和 Form 5（中五）上堂的次數比較少，因為主要放在課外活動。老師上課亦未必跟時間表，不同的老師的經驗和技巧也有分別，老師的自由發揮非常重要，課堂環境也比較「free flow」，基本上全班同學都可能周圍走，甚至有時走出去跟老師討論學術的問題，同學之間亦可以用小組形式傾談。低班的同學則不敢，上課亦比較傳統，沒有高中的「flexibility」。

人造草地球場開幕日，周守仁神父致詞

人造草地球場開幕日，兩隊比賽隊伍合照

人造草地球場開幕日，前排左二：梁宗溢神父

站在 2024 底 2025 年初，回顧這「光禿禿」、到處長滿野草、很少樹木的校園，主樓修建於 1953 年，資金來自政府及 11 個捐助者或單位。耶穌會差不多在「手空空，無一物」（錢穆《新亞書院校歌》）的情況下，挑起辦學的千斤擔子。1958 年，由於學生人數增加，透過香港政府的資助和貸款以及校友的各種籌款活動，建起東翼（East Building）四層建築，設有六間教室、一間視聽室（audio vision aids room）、一間新的生物實驗室、圖書館和有蓋活動區域。一個由 Fr. Chan（陳福偉神父）帶領的委員會負責推動及宣傳此計劃。1988 年，學校改善計劃（School Improvement Plan）的第一個項目為建 25 米游泳池，主要由政府、李柱銘先生及其他捐助者贊助。1991 年羅定邦樓（Law Ting Pong Building）資金來自羅定邦先生、政府及其他捐助者，設有綜合科學實驗室、電腦室、商務室、藝術設計室、教師室和

2005 年建成的 Ricci Building（利瑪竇大樓）

通用室（general purpose room）。

2005 年 Ricci Building（利瑪竇大樓）資金來自教育統籌局之「千禧校園」計劃及其他捐助者。

此 7 層樓高的建築設有 7 間新教室、音樂室、化學實驗室、綜合科學實驗室和新的電腦輔助學習中心（CAL Room）、學生活動中心（SAC）和多功能區域。2014 年人造草足球場，資金來自華仁一家基金會及其他捐助者。

由於科技演變，社會和教育界開始鼓勵 STEM 教學。有校友憶述，退休校長 Fr. Deignan 是一位個有前瞻性的教育家，他八十歲壽辰提出一個「Dream for Wah Yan」的夢想，希望能夠令兩所華仁可以與時並進。至臨終前，神父要求華仁一家和舊生會專注籌款支持兩所華仁推行 STEM（科學、技術、工程、數學）和人工智慧（AI）計劃。自 2018 年起至今，已投入超過 1100 萬元用於建立九華的 STEM 實驗室和 AI 實驗室，並在兩所華仁安裝電子白板和增加教學人員和培訓課程來提升學習環境。2022 年 STEM 實驗室（STEM Lab）、AI 實驗室（AI Lab）、每個課室新增電子白板資金來自華仁一家基金會及其他捐助者。

至於 West Gate Reflective Garden（思園），資金來自捐贈者。2024 年語文中心（Language Enhancement Centre）、生物科技實驗室（Biotech Hub）資金來自 1972 屆舊生。教堂的後花園資金來自 1993 屆舊生。

校友回饋學校，在政府和社會有心人士齊心合力，積極協助學校拓展校園硬件設計。他們對學校的關懷，超乎言辭，而透過實際的行動支持學校，實令人深深感動。

STEM Lab 開幕禮，左三：周守仁神父；左四：鍾衛良校長

課程設計、學習環境與文化

從校園的整體環境我們轉向課程設計和學習環境與文化。校園的文化和氛圍是學生成長的土壤。這一種獨特的格局蘊藏着耶穌會教育的精神滋養素，潛移默化地孕育着學子的幼苗。

再回首看當年，好幾位 50 年代初的校友從德仁轉入九華，在第一年就從第八班開始讀起。那時候的 Primary Five（小五）稱為第八班，Primary Six（小六）第七班，Form 1（中一）第六班。第一年的時候，教師也是華仁的畢業生，姓程，他的爸爸也是在華仁教書的。入學前，大家都不用考試，校長面試後，他認為可以就收了。耶穌會的神父的數目是比較多的，超過十多個以上。他們很用心去教導學生，並不會壓迫我們要考試一定考到很高分，讓我們自由去爭取，自己去學一點東西，希望可以做得好一點。

某位校友在 1949 年入讀奶路臣街時期華仁的第八班（即小五），很多第七、八班同學住在學校附近。他們走路上學，下課後便一起去玩耍。50 、60 年學制比較有彈性，適應學生的程度和需要，亦設有留級制度，有同學連留兩年便要離校。

50 年代的校友記得在 1951 年教育署實施英文學校新學制，第一班改為中六預科班，第二班中五級、第六班改為中一級、而原來等同小五、小六的第七、八班，分別改為 1A 、1B 及 2A 、2B 。

至於學生分班制度，Form 1（中一）到 Form 3（中三）主要根據身高來區分，Form 3（中三）之後就根據成績來分。所以以往身材矮小的學生會在 D 班，而 A 班的則普遍較高。

在 50 年代培育的華仁自由教育的特色到了 60 年代愈來愈明

顯。讀書要全面而平衡，也有學生拿到很好的中學會考成績。校園活動開始多姿多彩，不論在體育、音樂、戲劇、藝術等方面都有重要的表現，1964 年還開始設立文科班，更有學生會的創立，使耶穌會教育更展示出學生自律、自我承擔和獨立思考的道德價值觀。

當年讀書輕鬆自由，一個學期才考一次期終考試，神父也不特別緊張成績，鼓勵學生獨立思考各自主動發揮自己的興趣或才能。

其實學校非常關心和支持學生的特別需要。當時香港的學校尚未設有學校社工或心理輔導服務，而生活在學校的神父對學生的關愛已經非常深入而貼地，許多時因為神父全身全意投身學校教育，他們直接參與和指導學生的學習和課外活動，所以對學生的生活變化都有很敏銳的觸覺，反應也非常迅速。最有代表性的例子是一位 1962 屆畢業生往澳洲雪梨升讀中七，繼而考進當地大學醫學院，很可惜入學不久便在 1964 年 6 月在雪梨急病逝世。他唸中四的弟弟原定計劃跟隨哥哥赴澳洲升學，卻因為家庭突變，面對傷痛而不知所措。這倆兄弟和他們在 1959 年畢業的哥哥多年一直積極參加學校足球校隊，神父和老師都認識在校超過十年的三兄弟。在 Fr. Finneran（方學良神父）、Fr. Moran、Fr. Chan、Fr. Symth（石憫神父）和校長 Fr. Farren 熱心的支持下，學校主動在一兩個月之內改變這位中四同學的課程和學制，原來升中五 A 班的安排，轉往中五 D 班，而特別委任主修英國文學的江之鈞（Francis Kong）老師當班主任，在 D 班開設英國文學會考科目，支援這位因家變而尋找新方向的學生棄理從文。

之後，這位同學在華仁繼續了一段中五 D 班作為文科班的學習。他充滿感恩之情，在一年後中六的上學期結束時，即 1965

1966 年第一屆學生會幹事會

年底，主動跟一羣熱心的同學創辦了學生會，體現華仁教育立己助人，自我承擔的奉獻精神。這位創立學生會的同學便是筆者。

因應一位學生的生命歷程的突變和學業前途的調整而改革學制和創新課程，充分展示耶穌會的整體關顧，重視每一個學生的價值，爭取更多的機會給學生的發展。教育不只是學校、校園建築物或課程，而是學生得到更美好的成長的環境和格局。

學生會的成立實際也反映出 60 年代承繼了 50 年代校園文化愈來愈豐富的發展。被訪的同學表示當年學習風氣自由，不會有為考試成績讀書的心理壓力。另外也承襲了 50 年代的氣氛和溫馨的文化，老師（包括神父）各有自己的專長，跟學生的交流非常自然，學生尊師識禮之餘，課堂秩序普遍良好，師生關係没有太多的拘束，大家喜歡用「花名」的暱稱， 50 年代留下來一直任教的神父、老師更習慣與學生輕鬆交往，對用了十多年的「花名」如 Finn 叔、怪人、長衫劉、煙屎陳、肥佬朱、蔡頭、瘦潘和馬仔等都已習以為常了。許多時候，老師的全名反而記不起來。

在 60 、 70 年代逐漸形成校園文化和氛圍，學生的學習形態和他們的反省，下文會詳細介紹，以下我們先從他們整體的學習經歷、在學業的考慮和成長的摸索方面的角力與平衡，嘗試初步接觸一下他們對這種校園文化氛圍的感受。

時光流轉到 70 年代，1977 年，香港小六學生考最後一屆升中試，1978 年某位校友唸中一，那一年是根據學能測驗成績派位的第一年，成績最好的前 20% 獲歸入第一派位組別（Band 1）。九華收的學生，可能是全港最頂尖的 1% 到 2%。自從 1978 年開始，中一學生成績較為參差。校長 Fr. Deignan ，把中一分成 A 、B 、C 、D 、E 班。同學由中一升中二時，他說要照顧同學和家長的感受，把全級分成 A1 、 A2 、 B1 、 B2 和 B3 這幾班，考第 1 、3 、5 、7 、9 這些單數名次的，撥去 A1 ，考第 2 、4 、6 、8 、10 名這些雙數名次的，撥去 A2 ，成績排名最低的撥入 B3 。

一位 1981 屆校友是以小學會考成績入學。那時候差不多有接近 10 萬人考的，他成績很好，全港排名第 4 位。那年代很多成績好的學生都入讀九龍華仁，就在他那一屆裏，頭 150 名獲得政府獎學金的，他同班同學裏面差不多佔了有 10 位。看到這麼多厲害的同學，算是第一件入學的衝擊。不過，另一個低他兩屆的同學卻並不覺得九華學生非常突出，反而大家可以自由和自然地分享一些有趣的東西，中一至中六的生活覺得更像一所大學。

1983 年的校友也有關心教育的。學校分文科、理科，但讀理科都一定要讀文科的科目。這位讀理科校友在 Form 5（中五）考會考有 9 科，一定要考中史，加上一科 History 。他很多謝中四五教他 History 的 Miss Russell ，令到他對 History 非常感興趣，畢業後也看許多 History 課外書，這樣讓他個人見識豐富了許多。

1984 年畢業的那一屆也很特別，其中一位校友記得很清楚：1977 年是最後一屆升中試，他們是 1978 年上中一，那年是第一屆學能測驗派位， Band 1（第一派位組別）是 Top 20%，華仁沒有直屬小學，以前升中試可能收全香港頭 500 個精英，所以高他一屆的師兄在會考成績比他們好。自從他們那屆開始，中一學生來自五湖四海，九華那時的理念是想學生開心，不是分班教學，尤其是中一是沒有分班的，所以同學很參差，以前讀中文小學的同學，在以英文為主的科目會很吃力，需要一些時間適應，當然往後很快追上進度。

較低一屆 1985 年畢業的校友也點算當年的課程設計。在硬性規定要考的九科，九華的教育理念要廣博，不要太深，所以他考中史和 Bible。神父覺得學生要認識自己的歷史。其實華仁的神父本身很有學識，他們教學理念有個長遠的看法，就九科之中選擇 History 抑或 Geography 再加 Bible 。

這屆的另一位校友也感受到九華教育的人文氣氛。當時啟德機場離不算太遠，例如有一位同學在上課時間需要離港，其他同學希望去送機，他們一起去見蘇副校長，學校可以容許他們走堂去送機，因為已是 Form 6（中六），副校長又完全不問詳情，表示學校會信任學生，慢慢建立出互信，實際是個很好的教育。

與此相對應的是學生能力的闊度。一位 1987 年畢業的校友指出，九華學生讀書都很有自發性，很多都不用上課，到考試時卻有好的成績。不過他自己卻不行，見到同學好學，感到天外有天，人外有人。有個同學，中三時上 Maths 課，已經做 Calculus 微積分，他自己到 Form 6（中六）仍學不會。有些同學提前幾年自己去研究，而不是跟着 syllabus 修讀。這種情況比較特別。比起小學就填鴨式逼他們去讀，九華便自由和自發得多。

到了 1991 年畢業校友的回顧：當時基本上沒有測驗的，也沒有默書，偶然老師心血來潮又會測驗一下。平時沒有 schedule，最重要就是大考和中期考，中期考也不是很重要，只有大考重要，所以是「一鋪過」（孤注一擲）的時候，如果日常不保持狀態，到尾不足夠應付。只計算大考一個分數，一年只有一個名次。升不升到甚麼班都是看那個的。

2000 年千禧畢業的同學有點感慨，多少已體會到九華校園文化和教育的特色。他深刻的印象是校長的話：「九華會將各位學生當作成年人般，予以尊重」。他真的在九華享受了七年寬闊的成長空間。「中一開始，體育課就是自選學習項目，當時我深受那每逢午息就有十多個足球不停地在穿梭飛行的沙地足球場吸引。二十多隊球隊同時在進行友誼賽，叫人歎為觀止，莫過於各隊能共享空間，實在是非一般街場所能體現的胸襟。中二時，我雖頑皮，又會搗蛋，與同學一起捉弄老師，老師卻以談論方式來引導成長，老師對反叛期男生的體諒與包容，教我折服。中三時神父為我們每週午飯的兩節英文課，安排外出學習活動。神父每每只是午息時，在黑板留下集合時間及地點，同學們就要自己探索如何前往，他體會到自主學習的樂趣。中四、五時，學校讓同學按需要自訂上課時間的温習日程，讓他體會自己的前程是掌握在自己的手中，要為自己的人生負責。中六時，不知怎的，總是情緒低落，找不回中五會考時讀書的勁。可是，男生嘛，不容易說出自己的需要，我卻經歷老師們窩心的默默同行。其中包括一位老師連續八星期跟我在美術室約談。又有一位老師常在教員室與我短談兩句，帶我走進文學的世界，來個精神散步。還有一位老師除了督導我帶領基督徒學生團契，也常為我禱告。我不但得到幫助，自尊心也得到保護。中七時，老師除了傳授課本知識和高考的應試技巧，更跟我們談論世情，教我們更立體地看人與事。我很喜歡上各位老師的課，我也甚喜愛我的校園生活。「Men for others」及「Be considerate」。

從 2000 年畢業校友的心境，看到上世紀下半期九華校園文化和氛圍已愈來愈成熟。

當年畢業的一位同學分享一個相當深刻的意識省察：「在華仁我學到了呼吸。這裏的呼吸有多層含義，包括呼吸到不同領域的知識、呼吸到自由的空間、以及與同學之間的信任與關係。許多知識是我在課堂以外學到的，從童軍的繩結到編輯校刊，再到田野考察的學術報告製作，學校給了我們很大的空間，讓我們在七年裏慢慢找到自己的興趣和愛好。在這個過程中，許多細微的種子逐漸發芽，最終在未來的不同階段發展出精彩的道路。第二是自由的可能性。在九龍華仁書院，多年來老師們從未給學生施加不必要的課業負擔，文科、理科、商科的學生都可以根據自己的興趣選擇不同的科目。第三是與同學之間的深厚關係。從小息到午餐再到放學後的乒乓球、籃球和足球比賽，再到去信和中心、機舖和旅行，都是中學最難忘的時光……我們仍然通過電話或短訊聯繫，無論身在何地都能重新連結。去年一個 WhatsApp 訊息，我就飛到 LA 出席了同學 A 的婚禮。在需要時，師兄弟們總是很容易地共聚一堂，互相支持。」

自由的背後蘊藏開放、包容和朋友如兄弟情誼的價值，也反映自主所要求的自律。自由與紀律不應是完全的對立，而是像陰陽的、生態的互動。這正是著名過程哲學家 Alfred Whitehead（懷特海）對教育目標的理解，也是依納爵教育從處境、經驗、反省、評估而行動的哲理。

1994 屆畢業校友與老師重聚

這種九華的教育精神和校園文化繼續傳承和發芽。一位2002年的校友深深感受到這份自由的精神和文化。神父告訴他們發展自己的興趣和才能，所以大家想上堂時便上堂，不想上堂的有些去打波，有些去做 Gym。他班上的同學「乜嘢人都有」，讀書好、田徑好、音樂好都有，真是係五花八門。當時真的「free」，他們可以去找副校長申請一張「走堂紙」，之後便可以做自己想做的事。

其實這種自由的精神有它無形的教育文化氛圍。借助一位2004年的校友分享：「首先自由就是老師給我的感覺，我印象記得那時候學習，每一個老師都有自己的風格，他們的課程，有個別的老師可能是真的都沒有跟隨 syllabus，或者是他很隨意去發揮，教很多日常生活的東西， rather than 跟隨一些 syllabus，固定的課本，很多習作，這個給我的感覺就是自由度。與此同時，自由也在除了課堂方面，他覺得其實華仁是很鼓勵課外活動的，當然讀書和玩活動，外面玩其他東西，其實是自己要學會有個平衡。很多時候老師都沒有特別去太多的干預，甚至可能去到中四，有些時間去幫手學生會，有時候走下堂，搞一些活動，我覺得老師都很體諒的，所以不需要很多的管束或約束。因為我自己是有對比的，我之後中六、七出去其他學校，其他學校他搞活動的時候，是有老師去『sit』會，給很多意見，但是很多時候華仁仔搞活動都是自發性的，自己開會，自己去談很多東西，我印象中都是可能談到最後，整個計劃都出來了，先跟老師說一句。」

另一個同年代的校友對讀書的環境和學習的風氣有以下的反省:「我看得到的，自學不用說，讀書就一定只說讀書，我覺得第一件事就是華仁仔其實是，那時候他們是沒有甚麼功課，我印象中沒有功課。我自認我不是讀書厲害的那一批，但是我的同學，其實他們閱讀很多課外書，又或者是上課之前，現在就叫『學霸』在這個年代，他們已經是整理了下一個 chapter，甚至乎下幾個 chapter，自學的風氣很強的。我記得那時候在九華有個『凹位』，一些同學小息或者其他時候在那裏聚埋溫習，他覺得就是這樣，在這些氣氛、氛圍下，互相去鼓勵。」

另一位 2004 屆同學回味當年中學時代的生活「實在太過享受」，那種大家一起去做一件事，大家去達成一件事，這種這樣有兄弟手足情懷的生活，大學也未必找到。「其實整個華仁的教育，首先就是老師對學生的信任，更加重要是，其實正正就是因為你這種信任，所以令到其實很多時候，學生是會很自動自覺，一起去做好一件事，用團結的心態去做好一件事，大家互補不足，大家互相學習。所以某程度上對於我來說，其實我一直都覺得華仁是比一間大學的學系，是更加大學化的，某程度上其實這個就是華仁的教育特色。因為自由度很大，也有很多可以說是傳統，例如我每年編一本校刊，然後因為是學生編的，所以有很多知識，都是透過上一屆的師兄一路傳下來，這個都有一個薪火相傳的重點，是一個所謂的傳統，一路傳下來，也都更加重要，因為有了自由度，所以才會肯去發掘一些新的東西，去創新，去想想怎樣去做一些不同的東西出來……在中學階段，因為學校這個體制，其實是令到你已經有一個先天的凝聚力，就是你每一天都要上學，每一天都是 8 點半到 8 點多，然後到 3 點多到 4 點多，都會同學老師一齊，所以整個華仁的系統其實是一個很獨特的系統……在同一個空間裏面逗留，然後去做一些事出來，而另一方面又給予相應這個校園空間，有不同的設施，加上老師對同學的信任，這種比較抽象的空間，所以是給了很多空間給不同的學生去發展。」

另一位 2004 屆校友點出當時校園文化的重要因素是師生關係。老師沒有一個高低，那種 top-down 的感覺如何孕育出來是很難得。他覺得當時半數以上的老師都是這樣的，能互相交流，互相尊重的方式去對待對方。他猜想，第一就是當年部分老師都是舊生，可能其實他們本身已經是一種這樣的文化去孕育出來，所以到他們變成老師的時候，也是以同樣的方式去啟發學生，但是也有一部分就算不是華仁的舊生，回來母校教書也好，被那種氛圍去影響到的；另外一個原因可能是，其實當華仁仔真的找到他們自己的興趣，就是找到他們的熱情的和真的愛好投入的時候，便在孕育整個校園的氣氛和空間。當華仁仔投入的時候，會真的很厲害，所以真的喜歡鑽研數學的同學，數學很厲害的，真的會和教數學的老師，或者負責數學的老師，以平輩去切磋，去解題，大家練習；有音樂的神童，所謂神童，也是技巧非常之高超，也是拿到很多獎，這些就是當華仁仔真的找到他們的熱情的時候，就是可以很自然地，令到就算是一個大人，都會尊重，作為一個平輩去尊重他們，可以帶出他們自己的興趣，這個就和學校提供給他們的空間是有關係的，無論是校園的大小的空間也好，還是那種自由的氛圍，那種空間，抽象的空間也好，其實這兩種空間大家相輔相成，形成了一個很好的環境，給不同的學生去發掘他們自己不同的興趣……校方會願意聆聽不同的意見……學校作為教育機構，是一個受保護的空間，始終都是一個受保護的空間，在一個受保護的空間裏面，能夠讓學生最大的可能性去發揮他們的興趣，或者去探索他們想做的事情，這個是九華最主要的功能。他覺得對於一個學生，對於一個小孩的成長，其實最重要就是這件事，是在一個保護他們的環境裏面，給他們最大限度的自由去發展自己，去發展自己的潛能、去探索自己的潛能、探索自己的興趣，我覺得這是只有華仁能做到的事情。因為這些事情就算去到大學，其實有時候都不能保證，反而我覺得九華在這方面，其實是一個很獨特的空間，對於一個小孩的成長來說，最重要的就是這件事。

這幾位 2004 屆的校友真能畫龍點睛地道出九華教育的神韻。

值得高興的是，一位 2006 屆的校友也有很好的補充。他覺得校園文化有一種人文氣氛，當時未必能 appreciate 或明白，但後來去到其他或甚至大學亦未必有這種氛圍。舉例說，九華有好多幾個老師對於中華文化有好深厚的瞭解，日常的學習和接觸都會感受到，不只是文學、語文或歷史科目。這種人文風氣像，「Men for others」不能只掛在口邊，而要從一個 humanistic 角度去明白其他人，或者明白在處事方面體現出來，不論師生之間或同學之間的關係，老師對學生的態度，一種信任，讓他們可以去做自己，發展自己。這一種風氣也可以幫助到他們明白將來處世之道。

一位 2013 屆的校友多少有些感慨。中學的整體學習環境「shape 得他最大」。九華給他很大的空間，不只是 hardware，而是整個學校「你要咩都有」，打波、活動等，更重要的是「人嘅 mindset」，就老師，只要學生想做的事不太離譜，他們都會讓你試。其實許多人有不同的長處，便讓他們尋找自己的專長，最後可能真會變成他們的事業。讀書也一樣，没有太多 boundary 綁住他們，他們自己會追進度，找出一個適合自己的 model。

這正是近期在 2017 年畢業的同學輕鬆地回顧，九華教育大家都應該清楚，它不會逼大家讀書的學校，表面好放縱，「哈哈，比較是自學啦，哈哈，令到我哋好自律啊，學校就好似一個大學咁囉，即係好似提早咗可以體驗吓大學嘅生活。」

學校在 2019 年由鍾衞良校長開始推出校本的電腦課程，教授編碼程式、虛擬實境（VR）、擴增實境（AR）等一系列電腦及科技應用知識，培育學生利用科技優化生活的需要。學生在全球和本地比賽中多次獲得獎項，例如 2022-2023 年度在加拿大舉行的全球計算機競賽中榮獲世界第一，STEM 團隊的學生成員展示了自主研發、旨在改善生活質量的獲獎產品。2023 年，學校在華仁一家基金會支持下，也成立「One Family AI Lab」人工智能實驗室，使學校得以從初中開展全人 STEM 教學。

從上世紀 50、60 年代開始，以上簡單飄浮式的追憶和反思，已顯示出九華教育潛移默化地孕育着一種校友感覺，就是體會到這種校園文化和氛圍，更充分認同和讚許。以下三個篇章會詳細回味這些校友靈的觸動，嘗試分享他們反思成長歷程的滋味。

教師植苗獻心力

滿懷笑面憶良師

這次集體追尋九華百年的足跡，感受最深的是校園的師生關係和學生生活。新校舍展開的新校園的文化沒有受到時光的演化而失去它的生命力。磚頭、硬件、設施甚至教育體制的改變會修改了師生關係和學生生活表現的形式，然而一切仍存在溫馨和暖的追憶之中。

領導新校舍的校長是 Fr. Toner，教務主任 Fr. Maguire（萬貴理神父）。幾位從奶路臣街轉到新校的校友參考了一些歷史照片，他們還記得一些從舊校一起投入新校教學的神父和教師，包括 Fr. Toner， Fr. Moran， Fr. Morahan（莫樂天神父），沈叔堅（1925 年入職）、周清霖（1928 年入職）、潘友彭（1930 年入職）、李耀波（1931 年入職）、Andrew S.P.Aras（艾瑞史）（1933 年入職）、劉敬之（1935 年入職）、李海洲（1936 年入職）、蔡成彭（1937 年入職）、程慶疇（1938 年入職）、R.J. Wilkinson（韋健慎）（1939 年入職）、朱志成（1939 年入職）、李端容（1945 年入職）、黃潔君（1945 年入職）、馬玉麟（1945 年入職）、熊瑞徵（1945 年入職）。許多校友對他們都很熟識，更記得他們的「花名」。

九華的辦學團體耶穌會有崇高的辦學理想，尊重每位同學，給予高度自由去發揮潛質，鼓勵他們努力服務，愈顯主榮；也鼓勵同學終身學習。新校舍的神父多來自愛爾蘭，中國本土老師有不同的背景，教學方式各有特色，學生學習的經驗也很豐富。

幾位校友都認為，華仁的神父和老師都很盡責和關心學生，一方面很開放和包容，給學生自由發展的空間，另一方面亦要求

1953-1954 年度教員室

學生盡自己的本分。其中一位在他第七班（小六）時，班主任好嚴格和盡責。有時該校友犯錯，他會輕輕打一記耳光，校友知道這是為他好的，對他的英文水平大有幫助。

幾位校友都很欣賞當時神父穿着白袍，背後兩條白色長帶。有一次他們抬頭看到一位神父站在天台，好像個天使一樣。神父和教師都很有性格，不只教授課本知識，還引導同學思考人生問題，亦偶有分享戰爭的苦況。對很多九華學生來說，見到神父在校園跟學生輕鬆地聊天，增添了校園變成家的感覺。很多校友都非常喜歡在畢業後回校逛逛，探望神父和教師。

一位 50 年代初入學的校友做了一個比較全面的描述：「當時有很多愛爾蘭神父，多數是神父，有些是修士。他們穿的衣服，好像有兩隻翅膀，好像天使一樣。那時我們沒甚麼機會見外國人，和外國人接觸，我們是鄉下仔，見到這些神父，愛爾蘭神父，款款式式，一出來個個不同樣，個個很獨特，那些氣質，有些可能很好笑，很和藹，有些很嚴肅，但他們一出聲就很 impressive，他們真是很有心。那時有個 Fr. Morahan，管理教友的，坐聖堂，叫你做輔祭，做甚麼的。還有一個教物理的 Fr. Doris（莊禮思神父），很獨特，很嚴肅但很有心，你問他甚麼，很容易解給你聽。有一個神父 Fr. Butler（畢義理神父），瘦瘦高高，他教我們會話，講英文，他很精通，我們不熟悉，又不懂得說甚麼，他會拍拍你，叫你『說呀，說呀』。你問他，他就教你說，那些外洋神父真是很聰明。還有一個 Fr. Kennedy（簡理察神父），教我的時候好像剛剛從大陸出來，很友善的，教了一年之後去旅行。他坐下來跟我聊天，我特別很感謝他。後來弟弟想入華仁，我跟 Fr. Kennedy 不是這麼老友，雖然是我的班主任，又跟我聊天，我跟他講，我弟弟想入華仁，他一話不說，我弟弟就入了去，顯示他們很有愛心。我還記得 Fr. Sullivan（蘇惠民神父）教音樂，神父教我唱歌甚麼的，很獨特，但又不是教樂理，所以我不認識那些五線譜，讀了一年音樂，只唱歌，彈琴，大家唱，一路玩，很獨特。」

50、60 年代的校友的特色之一是回憶老師（不論神父或一般教師）時，都可以如數家珍，不一定記得起名字，但一定可以很親切地呼喚老師的花名，全無惡意，而是帶着童真摯誠，也反映出耶穌會教育重視學生的「温情發展」（Affective development）的成效。

50 年代開始校內公教學生頗多，有些是出生時受洗，有不少是入學才接受天主教信仰，慕道過程也沒有太大壓力。學校開始已有專門的神父擔任公教學生神師（Student Counsellor），每年大多有兩位。還有負責低班同學聖經課程及慕道班的老師。50、60 年代的老師熊瑞徵任教了十多年才退休。

自新校舍成立至今經過老師（神父和教師）勞心勞力的奉獻，

1958-1959 年度教職員合照

1978-1979 年度教職員合照

1998-1999 年度教職員合照

學校得享百載功成的歷史性標誌，各屆別的校友均銘記心中。以下是他們一些花絮式的感恩回憶，由於篇幅所限，不少校友對神父和教師詳細的追思只能割愛，遺憾不能一一列出。校友未有提及的老師（神父和教師）也不會記錄。本章沒有把所有曾經九華任教老師作一個完整的記敘，在附錄中會另列表呈現出來。回憶的轉載偶爾亦夾雜幾個廣東口語化的字或詞語，或一兩個英文字或詞語，我們盡量保留校友的說話甚至語氣，希望還原到剎那真情和感恩的流露，正是「滿懷笑面憶良師」：

Fr. Toner 陶德萬神父

1945 年加入九華。校友記得當年學校雖然沒有美術課， Fr. Toner 仍然經常鼓勵他們畫畫，畫甚麼都沒問題。有一次九華在聖德勒撒堂演戲，那些佈景都是他們幾個同學一起畫的。他們在餐廳樓下的地上，鋪起些材料，雖然都没有受過甚麼訓練，仍然落力地照着一張圖片去畫，之後便排起來使用。相隔七十年，這批 50 年代的校友重溫當年舊事，心情非常興奮。

很仁慈的 Fr. Toner ，矮矮的，瘦瘦的，不像外國人。他那時有教書，教聖經，很友善。講述的這位校友很喜歡問問題，一上課就問神父問題，給他很好的印象， Fr. Toner 還給這校友起了一個花名：「James the Scholar」。校長懂中文，那時這些神父的廣東話都講得很流利，訓練得很好。這位校友憶述：「他很友善，有甚麼跟他說，問他不同的問題，雖然他是校長，但仍然很願意跟我談下去……我們小時候喜歡『攪攪震』，找你聊天，可能兩秒鐘就『搞定』你。」

原來 Fr. Toner 個人足球技術非常厲害，當時英國最出名的球隊是「狼隊」，所以他的花名就叫「狼隊」，雖然矮小，但夠衝擊力。

Fr. Doody 杜達明神父

1947 年加入九華。校友談及神父教學嚴厲的一面。他教物理，也組織合唱團，教學生唱歌。他上課時如果同學胡鬧，他會發脾氣，把本書擲落地下。Fr. Doody 教英文的特色，是他的「The ten holy rules of pronunciation」。他強調英文字的尾音，「baa」要「baa」出來，「naa」就要「naa」出來而更要加重。如果學生一下漏掉加重尾音，他便要學生罰抄那十句：Ten holy rules。

Fr. Foley 種樹後，和一位低年級同學合照，以後每年拍照一張，看看人和樹的成長

Fr. Foley 專心剪草

Fr. Foley 科利神父

1948 年加入九華。 Fr. Foley 親自帶領一些工友在「光禿禿」的校園到處尋找地種植樹苗，成為美化校園的先鋒。

我們經常見到 Fr. Foley 在草地度步，守住個草場，他還拿着聖經在念經。

一位 60 年代的校友回憶：「我們入學時就開始看球，每當有比賽對 KGV 時，全校都非常熱烈地等待，大家都在教堂草地上觀看。對我來說，華仁的傳統非常重要，就在於有神父。華仁能擁有這麼大的一片場地，並不是很多學校有的，因此華仁具有獨特的優勢。草地的維修因為有 Fr. Foley 特別關注。他的外號是『紅面關公』。愛爾蘭的神父們在烈日下非常容易曬紅。草地的管理對比賽來說非常重要，因為如果草地的狀況不好，就根本無法有效地踢球。那個時候我們在華仁比賽，比其他學校來說，實在有很大的優勢。」

Fr. Moran 武倫神父

1949 年加入九華。他非常仁慈，說話温柔，英語有時難懂，但教得很好，當年大部分學生中文小學出身，所以得益很大。他亦很有興趣支持足球運動。一位 60 年代的校友上他的課，那時候他的年紀已不輕，很喜歡給他們的作文 100 分，英文作文會 100 分，只要你沒有錯，就 100 分。我們 Form 2（中二）學會了，一個錯都不可以有，只要沒有錯，就給 100 分，你錯了一個就得

Fr. Moran 和田徑冠軍

70 分，錯兩個就不合格的了，他的想法很有趣，即首先你的東西不能有錯。

他也很熱心訓練足球隊。

Fr. Finneran 方學良神父

1952 年加入九華。Fin 叔教 History 也影響許多同學，一位 60 年代校友記得他的忠告：「不要太長氣，不要演嘢，要有專業

Fr. Moran、甲組足球校隊隊長、Fr. Finneran

Fr. Finneran 與甲組足球校隊合照

態度」。他常常告訴同學：「要先做應該做的事情，而不是做你喜歡做的事情。」學校禱詞中的「勝了不驕傲，敗了不找藉口」。這些道理，讓同學受益不淺。

當然，許多熱愛足球和網球的同學跟他的關係特別密切。他一直關注和領導 50、60 年代的足球校隊，甚至帶領香港青年球隊到馬來西亞比賽，隊中有七位球員來自九華。到了 60 年代末期，他把注意力放在網球，使九華網球突飛猛進。他耐心地拿着木拍到每班邀請同學試打，再慢慢由基本開始教，幫助學生用 10 元或 20 元買球拍。由 1972 至 1981 年九華是連續十屆冠軍。他會安排同學、神父和舊生回九華練習。他好像哥哥般和他們打網

1987-1988 年度，Fr. Finneran（坐在前排正中）擔任羽毛球會導師

球，每個星期日都是這樣。他也獎罰分明，好會讚，打得不好會矯正，有時候也有處罰，例如罰跑圈。

一位 1982 屆的校友：「我深深記得我讀中四時神父的臉，神父的仁慈、洞察力和父親般的微笑。我畢業後多年，他仍然給我寄聖誕卡，直到他去世。」

Fr. Sullivan 蘇惠民神父

1952 年加入九華。他喜歡穿着運動鞋。那個時候，穿的是價格非常便宜，俗稱「白飯魚」的「馮強」公司製造波鞋。他有時候需要穿得更莊重一些，他就用黑鞋油刷在鞋上，但帆布鞋刷來刷去也不會變得光滑。因此，他用得特別多黑鞋油，這樣一來，摸一下他的鞋帶，手會弄得髒兮兮的。他的綽號為「擲鮓和尚」，另一個原因是因為他口袋裏有一堆粉筆和糖果。

一位校友記得在一次考試時，他把一排巧克力放在桌上，請同學吃。

Fr. Cunningham 靳寧漢神父

1953 年加入九華。他是 Air Scout 的始創人，他是駐港英軍 Chaplain，即是說如果有軍事人員離世，他就會去幫他們做最終彌撒之類。他還成立了航空學會（Aviation Club）。有一次他帶同學去參觀啟德機場的 HAECO，即香港飛機公司，參觀飛機的修理，有一次甚至坐上一架很新的飛機。

他在 1961 年創立香港道路安全會（Hong Kong Road Safety Association）貢獻社會。

Fr. Kennedy 簡理察神父

1954 年加入九華。好幾位校友都記得清楚 Fr. Kennedy 不單是個大好的人，爽直而有溫情，大家更記得他喜歡帶同學坐他的綿羊仔電單車。許多學生都有乘過他的電單車，甚至學騎電單車的經驗。不過，他作為老師和班主任，對學生的影響也很大，還個別教學生拉丁文。

他帶學生參加 Poor Boys' Club，啟發這些校友日後繼續當義工，幫助貧童學習。

校友記得他喜愛穿白色的，他的中文比一些同學還好，因此他們都喜歡與他說中文，十分高興。

Fr. Smyth 石愷神父

1956 年加入九華。高而瘦削的神父容易近人，啟迪學生簡單而溫文。1965 年新學年開始他負責教務主任工作，輔助校長 Fr. Reid，委任中六年級的郭少棠為總學長，接受他和幾位同學的建議成立學生會，更支持學生自由地發展組織草創的工作。校友懷念他低調而誠懇的風彩，充分展露他內心的教育熱誠和信仰的動力。這屆校友在 2023 年年底特別郵寄一張集體致謝咭問候他，趕及他歸天家前收到五十多年前曾經教育過的學生的心聲。

Fr. Francis Chan 陳福偉神父

1956 年加入九華。陳福偉神父表現小心翼翼的，辦事審慎、專注和熱誠常留意師生的心情。他表面有時相當嚴肅，但教 History 課期間，透過一些小問題，給學生簡單而幽默的鼓勵。他說，教育是 Encourage You to Learn，從而建立 Self-confidence，Responsibility，Integrity，而不是盲從。

Fr. Francis Chan

Fr. Mallin 生辰

Fr. Mallin 連民安神父

1957 年加入九華。一位校友感恩 Fr. Mallin 對他的影響。神父帶領他和其他同學招待油麻地、京士柏一帶的貧苦兒童，請同學教貧童踢球和讀書。

他教學生作為中國人要對自己的民族有自信。他熱心參與學生的足球訓練，跟學生關係密切。

Fr. Mallin 曾任香港華仁小學的校長，他活至 100 歲。大約在他 90 歲時，愛爾蘭政府送了個勳章給他這位烈士遺孤。他父親被追封為烈士，在 Dublin 有個地鐵站叫 Michael Mallin Station。

Fr. Dargan 梁德根神父

1957 年加入九華。他高大而目光閃耀，很有威嚴，很有智慧。他經常在小息時在長廊跟學生閒談，顯露出校長溫情的一面。

Fr. Cryan 許禮仁神父

1957 年加入九華。 Fr. Cryan 的花名是「怪人」，教學嚴謹，加上高大威猛的體型，同學都怕他，只能循規蹈距。

Fr. Farren 范育倫神父

1958 年加入九華。一位 1968 屆校友記得中一那年，在童軍中因犯規而被開除。 Fr. Farren 知道後非常憤怒，要求童軍再次接受這位同學。他認為不應因為犯規而不獲參加課外活動，這是有違耶穌會的辦學宗旨。他當校長時對學生也很包容。他留意每個學生的需要，在他任內決定設立中五的文科班。

15 年前，一位校友去英國探望已退休的 Fr. Farren。神父還記得當年這個校友的事跡，竟然可以說出當年為何包容這位校友犯錯的理據。

另一個 60 年代的校友的名字 Vincent 便是神父給他起的。他用法文諺語（Vouloir, c'est pouvoir，即「有心便事成」）鼓勵一位中五畢業同學。

他對學生的能力觀察入微。透過一個校友在中六的作文，他覺得這個學生的邏輯好，所以就鼓勵他參加學校的辯論隊。

Fr. Smith 謝敏士神父

1960 年加入九華。他教學生打網球，他們沒錢買球拍，他借舊球拍給學生，自己走落去拾一些舊球給學生。

一位校友的太太很喜歡文學，所以特地找 Fr. Smith 。他離開華仁後，到英國一間耶穌會大學教書。James Joyce 也在這家大學唸書。透過 Fr. Smith 這層關係，這位校友說笑，「我和 James Joyce 也算是師兄弟」。

Fr. Farren 頒獎

神父飲茶

甲組足球隊友誼賽，圖中左一：Fr. Finneran；右一是朱志成老師；右二是 Fr. Farren

Fr. Albert Chan 陳綸緒神父

陳綸緒神父 1961 年加入九華。作為 1934 年加入愛爾蘭耶穌會的首位中國人，他的國學基礎很深，專研明史，尤其精通耶穌會來華傳教的中西文化交流。任教中七。雖然時間不長，但對學生有很大的啟發。

Fr. Taylor 達樂義神父

1962 年加入九華。許多校友記得 Fr. Taylor 演戲劇。他是筆者中六班主任，曾邀請筆者參加 *As You Like It* 的莎劇。另一位校友記得參加金禧年的 *The Italian Straw Hat* 話劇。

一位英文程度差的同學感謝神父的支持，放學後留在學校，替他補習英文達一年之久。

由 Fr. Taylor 導演的戲劇

一位校友有個深刻的印象。有一次校際戲劇比賽，其中一個同學的母親突然病逝而無法演出，Fr. Taylor 反應快速，臨時訓練一個同學去代替。透過這次事件，學生學會應變能力的重要。他後來更帶領大家去殯儀館拜祭，帶大家一起為亡者祈禱。

Fr. Brady 白禮達神父

1965 年加入九華。他特別為中六同學開設倫理科，感動了不少同學。有一位校友覺得這科雖然 A-Level 不用考，但他自己個印象好深刻，因為內容教導他日後規範自己，不會貪方便、找快錢。

他與同學討論是非，辨別善惡，他總是和和氣氣，態度溫和。他的中文很好，可以用中文教書。中學生不是每間學校都有機會上倫理課，這是非常重要的，可以影響他們一生。他用簡單和生活化的故事啟發學生理解倫理的原則，學生記憶至今。一位校友認為 Fr. Brady 反映出中國的傳統教育，學做人比學知識更重要。

他的中文很好，有一個校友在聖德肋撒教堂當輔祭，有些經文不識讀便問 Fr. Brady。

Fr. Zee 徐志忠神父

1966 年加入九華。幾位校友都是神父九華 1958 屆的同學，他後來當時修士和晋鐸。他們覺得這位學問淵博謙虛溫文的「同學神父」得到同事和教友的尊敬，對新知識的探索常懷熱切的心情，跟學生融入在一起，以身教和言教展示他開放的思想。

一位校友記得他問學生進入九華會不會覺得很自豪，沒有人敢回答，接着他才解釋，他們其實應該自豪，因為這是一間很好的學校，這不是驕傲。

倫理課那時候稱為德育訓導課，他用手寫油印筆記給學生。我們後來才知道他很厲害，實際已引入心理學的知識，包括 NLP（身心語言程式學）。

一位 70 年代末的校友回憶：「他很認真地給我們每一個練習，對於每個同學的個性格成長和培育，都給很多意見，我是其中一個得益者，特別覺得豐盛和開心。」

1982 屆校友記得 Fr. Zee 由印度回來，曾經和他們試玩催眠。神父們對學術上各方面的鑽研都很厲害，這也是九華一個重要的特色。

Fr. Reid 黎烈德神父

1966 年加入九華。他是一位謙虛、温文而理性的神父，思想開放而包容。當年筆者向學校申請成立學生會，得到他和學校開放的支持。九華學生會可以說是當時中學學界中最早成立和最具學生自主性的學生會，尤其當時社會氣氛因為政局變化已開始緊張，如果沒有學校的信任和支持，不可能成事。在他任內，舊生會亦得到他的支持而成立。

一位 60 年代的校友對 Fr. Reid 有很深刻的印象。這個校友家貧，居住環境差，無地方讀書，有一次返學校讀書，課室關上。幸好碰到 Fr. Reid，校長竟然去取鎖匙替他開門入課室讀書。此外，有些高年級走堂碰到他，他也不會阻止。

另一個校友記得在他中四年級向校方申請離校時，曾經到校長室面談。Fr. Reid 告訴他，如果有需要，會聯繫和說服這位學生不諳英語的父親，幫助他繼續在九華升學。對於他這一位在香港無依無靠的學生，校長這份愛心與無私幫助，使他畢生難忘。

左二：徐志忠神父；右一：Fr. Deignan

一位熱愛拍攝電影的校友，因為與父親在學科選擇上有很大的矛盾，他在學校組織了一個電影學會，寫了一個有關父子在理想方面衝突的電影劇本，向 Fr. Reid 申請資助購買了一部頗昂貴的拍攝機，成功在校內拍攝了這部電影給他的父親，更為學會奠定一個穩固的基礎。

另外一個校友向政府申請發展粵劇，在學校禮堂舉辦粵劇活動，條件要求開放給油麻地居民來欣賞，也得到 Fr. Reid 破例支持，後來知道耶穌會是非常尊重中國文化的。江之鈞老師稱 Fr. Reid 是一個 perfect administrator ，自有其原因。

一位校友畢業後進入港大醫學院，到大學四年級時，偶遇一位港大教授告訴他 Fr. Reid 在他九華畢業前寫信推薦他入港大，他很驚奇回答：「係咩？我完全冇聽過呢件事喎！」後來他有機會見到 Kong Sir，江之鈞老師說，他知道 Fr. Reid 只推薦過兩個同學去港大醫學院，可能這位同學便是其中一個。因為 Fr. Reid 相信做善事左一隻手也不要另一隻手知道。

Fr. Naylor 魏以立神父（後名魏志立）

1967 年加入九華。好幾位校友留下對這位「永遠中三」的神父的思念和感恩，像其他神父和老師的情況，這裏只能割愛而簡錄一二。

一位 60 年代的校友追憶：神父是家中獨子。耶穌召叫他時，他並沒有向主推搪……我相信教學不是神父的初衷。他身為耶穌會士，一定想效法會祖聖依納爵為窮人服務的精神，又或學習聖方濟各沙勿略或利瑪竇傳播福音，但神父到了華仁後，願意拋棄他的理想，將他一生的心血放在我們這班「六十後」以及其後四十多年的師弟身上。我想神父如今在天上看到我們師兄弟們的成就時，會感到安慰。

校友們都感恩神父結合身教與言教，塑造他們的人生觀。他們懷念他跑出校園，帶他們參觀佛堂、回教清真寺、黃大仙廟、基督教的會堂、錫克教廟、堅尼地城屠場和荷李活道的文武廟等。

他的倫理課堂充滿樂趣，鼓勵大家終生學習。上課前引導大家靜坐五分鐘左右，注意自己的呼吸，meditation 和 mindfulness 透過呼吸，學生開始會自覺真實地存在，活於當下，控制情绪，緩於發怒，與主及身邊人建立了良好的關係。

「他教導我們要時刻關心別人。當年有一位好同學因他媽媽去世，幾天沒有上課，他特別準備一台追思彌撒，奉獻給天主。同學雖然不是天主教徒，但深被彌撒的氣氛打動。」

他曾教授生物課，不局限於課室內。每次戶外活動時神父，他

Fr. Naylor 在停車場教體操

會介紹路邊的花草樹木。他帶學生到長洲執垃圾，是環保先驅！

許多校友從他身體力行，學到環保、尊重別人、扶助弱小，快要發怒時要先讓自己深呼吸或靜下 15 秒，傳福音時要少說多做，要以榮神益人、愈顯主榮為餘生的志向。

他喜歡「搞突發事件」，會突然帶領同學前往某所學校交流，或者下周即將舉行辯論賽，本周才通知學生參加。這些「突發事件」，可能是精心策劃的。他的活動極具挑戰性，讓同學收穫更豐富。

每個禮拜都會帶他們去 outing 的活動教學，透過體驗，當然最重要的是他教英文，不是出去玩的，回來後還要寫千字文，一晚之內就寫千字文！

一位 1975 屆校友太靜，神父帶他和另外兩個不同班的同學到大埔坳松仔園，一起行山，邊行邊談，讓他認識一些外班同學，參加多些戶外活動。

1980 年代的 History 和英語課，全用英文授課，有同學跟不上進度；由中一至中三，他都考「倒數第一」，因此打算放棄學業。Fr. Naylor 認為他不應放棄，邀請他擔任華仁兒童會的導師。通過這個活動，他學會了如何管理時間，有助他的學習。

他的名言之一是：「Every day and in every way, we can do better and better. Why not?」

Fr. Coghlan 谷紀賢神父

1967 年加入九華。無論大小事情，神父在教室內經常對同學說「Thank you」，激發他們注意禮貌，並非只是由下而上使用。追求學問而謙虛有禮，也是學生應該學習的目標。

他教 F.1B History ，問問題，就算你答對，他也會問：「你點解這樣答， Why ? 」其實這位校友後來才知道，其實耶穌會教育不只是講 fact ，還會問背後的意義。

左起：Fr. Coghlan 、梁偉光副校長、蘇中平校長

在基督生活團，他是導師，每星期去望主日彌撒和經常去修道院神修，給予團員很多靈性的指導。他教英文，不跟教科書和 syllabus，直接用報紙和雜誌教學生應用英語。

一位校友回憶：「因為我們是教友，Fr. Coghlan 帶我們用自修堂做修道功課，若不足夠時間，他特別找一堂時間，教我們一些另類的靈修，放些錄音帶給我們聽，教我怎樣 relax，由頭 relax 到尾，亦會介紹其他修道知識。」

1980 年代他擔任校牧，為了統籌老師的牧民工作，學校在他提倡下成立了牧民小組（Pastoral Team）。

Fr. Leung 梁宗溢神父

梁宗溢神父 1972 年加入九華。他在 1972 年至 1974 年來了九龍華仁教書，負責教西史、英文、倫理。那時候很開心，除了教書，他喜歡和學生一起踢球，一星期至少踢四天。華仁的學生很多都喜歡踢球，每天放學都有六至七班同學去球場。他當年創辦了一個集郵會，也為老師開辦太極班。每年九華有聯誼日，經常邀請香港華仁的老師參加，大家交流心得。

Fr. Deignan 狄恆神父

1978 年加入九華。許多校友回憶神父永遠帶着微笑，面目慈祥，處變不驚，總是保持溫和的態度。其實他背後有很深的信仰和很強的信念。他在九華轉直接資助的方式表示清楚的立場。他承受很大的壓力，後來得到 Fr. Naylor 的支持，才確定了華仁教育的原則。

一位 1983 屆校友是學生會體育組長，想把冬天運動 winter uniform 從綠色改藍色，在走廊問 Fr. Deignan 校長，神父反問

左起：Fr. Deignan、黃熾強老師、Fr. Foley

他，「Will that be as bright as Wah Yan Hong Kong？」他覺得很奇怪，關 Wah Yan Hong Kong 甚麼事呢？他之後才想通，自己講不清楚，神父以為他想改學校 school uniform 校褸的顏色。他覺得 Fr. Deignan 真開放和包容，在 corridor 也可以跟一個不知哪裏跑來和表達不清的學生討論改學校校褸的顏色。

1987 屆的校友記得神父掏自己的私己錢去資助校際歌唱比賽的飯盒和飲品費用，應該是五、六百元左右，差不多相等於當時普通人一個月的生活費。

1988 屆的校友為預備會考的時候，回校溫習。因為當時天氣很熱，他拿了枱椅放在課室外的走廊讀書。有一次神父走過來，這校友以為神父會命令他把枱椅帶回悶熱的課室，誰知神父卻問候他是否天氣很熱，請他繼續安心讀書，之後微笑行樓梯離開。這表面上很普通的對話，令他領會到學校很理解同學的需要。

許多校友深受神父的影響，非常感謝神父，所以在他八十歲生日時積極支持他的「Dream of Wah Yan Campaign 2007」，在華仁一家基金會和兩所華仁的舊生會全力的支持下，籌得一億八千多萬元，資助兩校推動小班教學、教師培訓和更多全人教育的課外活動，讓更多學生受益。

Fr. Chow 周守仁神父

周守仁神父 1988 年加入九華。一位 1998 屆校友感謝他開放包容地對待學生。有一次學生會 annual ball，用了禮堂，活動弄到很晚，同學不肯離開，到十一點，幸好 Fr. Chow 包容，終於大家開心地結束。

衛仲虞

華仁書院創立時已參加教學工作。1926 年華仁書院在九龍開設分校，獲委任為分校校長。1928 年，九龍分校取得補助學校資格，因法律規定需要有大學學位資歷，衛仲虞轉職為老師。

沈叔堅

1925 年加入九華。50 年代的校友特別記得他的「檸檬頭」，他是校友記憶中最老資歷的教師，很有性格。一位校友捉弄沈老師，打開筆蓋，結果墨水漏出來，弄污老師的褲子，沈老師轉身拿起筆盒內那支昂貴的 Parker 61 墨水筆，扔到了牆角，讓這頑皮的同學不知所措。

周清霖

1928 年加入九華，當年九龍華仁書院取得政府補助資格，他接替衛仲虞為分校校長直至 1932 年，轉由林海瀾接任。戰後重返九龍華仁書院教學，外號「肥佬周」是校友記憶中第二位資歷最老的教師。大家想起這位 50 、 60 年代的老師是很有風度的，說話溫文有禮，非常穩重。

潘友朋

1930 年已加入九華，外號「瘦潘」，他英文教學既生動又生活化，隨意在黑板寫一個生活常碰到的字，之後逐步引申一連串相關的名詞，學生容易吸收，所以印象深刻。

李耀波

「波叔」1931 年加入九華。他個子高高的，很受同學尊敬。他的英文教學很有心得，也是香港天主教教區某些委員會的委員，關心學生的信仰培育，默默耕耘。他是筆者的班主任和代父，開啟筆者信仰的道路。

Aras, Andrew S.P. 艾瑞史

1933 年已加入九華校友。他和潘友朋、朱志成老師在奶路臣街校園參加過日本侵華戰爭的救援工作。

以惡和嚴厲出名的錫蘭老師，外強內溫柔，許多校友重溫被罰站台或掌摑的經驗。一位校友提到他教的衛生課，「你只需要說一句話：『Yellow Water』，其實就是指尿，這位老師就會掌摑你。他教授地理課，他向同學問問題，講出一個國家的名字，就要同學立即回答它的首都。如果答不出來，就要站在椅子上。」

劉敬之

1935 年加入九華。傳統國學深厚的中文老師「長衫劉」，很

有性格，穿着中式長衫，喜歡兩手把長衫背部向後翻一下，有點像扮演黃飛鴻的關德興。

李海洲

1936 年屆校友，畢業後即加入九華，教數學和英文。這位嚴肅的老師留在 50 、 60 年代的校友印象是他的髮型中間兩邊分，筆挺的西裝有風度，教學嚴謹和盡心，深受學生尊敬。

蔡成彭

1937 年到本校任教的校友，外號「蔡頭」，很受學生尊敬。最深刻的印象是他資助一位貧苦學生買新書，而只買舊書給自己的兒子。江之鈞老師讚蔡老師「a real gentleman」。

程慶疇

1938 年加入九華。校友很尊敬這位高高瘦瘦的老師，也是服務擔任輔警警司的「柴叔」。Form 1（中一）的 1B 班的同學記得他中文課要寫毛筆字。程老師很好，逐個檢查他們的握筆姿勢。

朱志成

1939 年加入九華。戰後 1952 年再度加入。九華「肥佬朱」人皆認識，他是足球運動主要教練，從前是全國跳水季軍。不單所有足球隊員都受過他訓練，許多同學都上過他的課，他非常隨和，經常踢完球後跟學生吃飯。

乙組足球校隊取得校際賽冠軍

朱志成老師訓練甲組足球隊

Wilkinson, R.J. 韋健慎

1939 年加入九華。葡萄牙人，教數學。非常盡責和耐心。

黃潔君、李端容

校友喜歡把兩位女老師連在一起懷舊，記得一肥一瘦的 Miss。兩位都在 1945 年加入九華。50 年代的校友特別記得尚未嫁給馬玉麟老師的黃潔君老師和後來成為高太的李端容老師。

黃老師很和善，很少罵或罰學生，更資助學生舉辦多項活動，出手闊綽，會給得獎者一個小型足球。該校友參加過一項活動，獎品是一個木筆盒，十分歡喜。學校活動很多，大家在課餘都玩得好高興。她一直都在聖約翰救傷隊服務，制服的樣式非常有型。李老師的字寫得很漂亮。當時華仁只有她們兩位女教師，所以她們比較熟絡。有一次她們一起組織中一班級的行山活動，爬上扯旗山頂，班上的同學在上面跑下來，結果跌傷。

馬玉麟

1945 年加了九華。外號「馬仔」的中文教師，教 Form 4（中四）學生，他的背景是西南聯大，教書技術很好，不會責罵學生。幾位校友記得，「在我們那個年代，打學生的情況是有的，但他不這樣做，學生都對他很服氣，他善於說諷刺的話語，比如：『你看他，渾渾噩噩的；你就更厲害了，考試還會偷看！』」後來跟 Ms. Wong 結婚。

熊瑞徵

1945 年加入九華。他的個子矮小，說話輕輕，教授聖經道理，同學愛聽他講的故事。

李彥和

1952 年加入九華，有正式軍階，所以外號「將軍李」，他的兒子是李柱銘。一個 50 年代的校友回憶：「我畢業時，李老師只替我寫紀念册。我能忍受他的教學，我坐在第一行。他經常不教會考的內容，而是教些額外的知識。如果你肯用心地看着他，不怕他口沫橫飛，他就會特別欣賞你，說：『孺子可教也。』你必須懂一些心理學才能適應他。」

黃展華

1952 年加入九華。一位校友感激黃老師啟發了他，知他常常犯規，也肯包容他。黃老師很專業，教學很有耐性，學生走堂只餘下四、五人，他仍然繼續講課。他是著名化學教師，他的灰色面會考「天書」很受歡迎。

他的英語粵劇非常著名。佛山廣東粵劇博物館裏面有介紹他的資料。他翻譯粵語成為英文，然後唱，每年有幾個製作，包括英語版《帝女花》，吸引學生、校友及社會人士。

黃老師教國語，在基本的漢語拼音之外，話題天南地北，涉獵廣泛，輕鬆有趣，絕不枯燥。猶記得，有一次上課時，黃老師說，見到 women（英文字），就説 women（「我們」的漢語拼音），部分同學，即時會心微笑。「我腦筋轉得較慢，想了一下，才明白個中奧妙。」

在一個課外活動，黃老師講針灸，還示範施針。部分同學表示傷患得到舒緩！在該講座中，黃老師表示，「深信針灸是科學和有效的醫療方法，雖然當時的科學，未足以瞭解其運作機制，日後更先進的科學，必然可以 verify 這個看法。當年認為中醫和針灸落後和不科學，跟其現時受到相當廣泛認同，不可同日而語。」

李鏡澄

1952 年加入九華。同學記得這位「高佬」體育老師，遇到體育課有些微雨時，便暫停體育活動轉而帶領同學到操場拔草，誰拔草最好就會獎支鉛筆。

譚志成

1956 年加入九華。譚老師啟發學生在視藝方面的興趣，希望每個同學的畫可以有自己的風格，有自己的發揮。一位校友記起這位美術老師教的水墨畫，譚老師原來至今仍然保留一些學生的畫稿，後來出了一本畫冊，這位校友也有一張畫入選。

何鎮源

1957 年加入九華。帶領童軍的何老師也很開放。一位 1978 屆的校友住在新界，其時柴油火車班次疏落。九華下午四點放學，而旺角站往新界的班次，最近的一班，開四點十分，但由九華步行趕不上這班車。下一班往新界的車，大約開五點二十分，即要等待超過一小時。這些校友為了趕乘四點十分那班車，放學後立即衝出課室，跑步前往旺角站狼狽不堪！何副校長得悉這苦況，決定特許他提早十分鐘，在三點五十分放學。他對學生有如朋友一般。

另一位校友正在上課，突然被當時的何副校長親自寫紙條召見，心裏非常害怕，不知道自己做錯了甚麼，也擔心會被處分，後來才發現何副校長是關心他最近面色蒼白的原因，詢問他是否需要學校的幫助，這件事讓他非常感動。

薛偉祥

1958 年加入九華。這位著名指揮家唱男中音，給校友許多午間音樂的回憶。他們記得聽過著名女高音歌唱家費明儀，唱歌劇的楊羅娜，還有唱茉莉花。校友參加他導演學校的歌劇，甚至像筆者一樣參加他指揮的明儀合唱團，有機會在大會堂演唱。另外有一個校友參加歌唱比賽，非常緊張，薛 Sir 走到他身旁，幫他整理領帶，給他很大的鼓舞。

薛偉祥老師與合唱團

劉繼業

1960 年加入九華。劉老師講書莊諧並重，許多校友還記得他講述長沙會戰，中日戰爭，有幾多個軍團，如數家珍，當時未懂得欣賞，到畢業後才明白這些歷史的意義。他熱愛中國文化，尤其書法、棋藝、掌相和古董。

校友很欣賞他黑板上寫的漂亮的中文字。校友也欣賞他改文給學生的鼓勵，每一次的分數都會比前一次多一點，當然大家也記得聖堂正門他的題字。

他以精美的書法，以自己的別名，在一位中五畢業同學的紀念冊以這位同學的名字撰寫成短詩，贈送給這位同學留念。

江之鈞

1960 年加入九華。Francis Kong「番薯乾」也是九華傳奇性老師的 icon 之一。許多校友包括筆者都非常懷念這位有性格、charismatic 而內心善良的老師。幾位回憶他教學方法非常的特別，表面天馬行空，但實際很有啟發性，不會強逼學生死記，讓學生自動自覺去瞭解自己的不足，準確地深入自己的知識。他告訴學生自己的標準：「平庸的老師 teach；good teachers demonstrate；the best teachers inspire。」

校友記得他鼓勵學生多閱讀好的英文書，包括 Agatha Christie 的偵探小說，不少同學跟從他的指導，英文作文都有明顯的進步。

筆者銘記於心的是他在中五特別首次開設英國文學課程，發揮他英國文學知識的洞見，開啟筆者對文學以至人文學科的興趣。作為班主任，他還帶同學們到壽臣山鄉村俱樂部打保齡球和吃大餐。

許多校友感謝他們做人處事態度，其一是要學習有足夠的分析能力，其二是儘管努力而行，儘力而為，無謂左顧右盼，理會多餘無謂的批評。

江之鈞老師與畢業同學合照

Flanagan, Patrick O'

1960 年加入九華。一位校友特別高興跟這位個子不高的老師學英文，又學唱歌，他覺得很幸運。

黎炳章

1961 年加入九華。教中文的他外表斯文，從不動氣。黎老師很幽默，有一回某同學在課堂上與隣座傾偈，老師便問了他一個有關剛講完的課文的問題，那同學答錯了。老師回應：「呃！你差些答對了。」引起哄堂大笑，讓那不守規矩的同學感到尷尬。

梅勤冠

1961 年加入九華。體育老師，很隨和，教籃球為主，亦有帶低年級同學的足球。與朱 Sir 正好一高一矮。

盧振康

1962 年入職。「數學老師 Vincent 瘦瘦的身形，皮膚相當黑，思想和說話簡單而尖銳，言語中另有弦外之音，喜歡刺激同學思考。開始時同學亦有在黑板寫字捉弄他。到了 1966 年的時候，他語焉不詳地告訴一位同學的數學水準很難有機會發展，結果刺激了這位同學到美國升學，取得數學的學士及博士學位。可謂師道用心良苦，一矢中的。」

余本良

1963 年加入九華。余老師的 1958 屆的同班同學對這位優異生有深刻的印象。

WAH YAN COLLEGE
KOWLOON

CERTIFICATE

This is to Certify that Master Yu Poon Leung

has been awarded a Scholarship as a result of the 1958 School Certificate Examination.

Headmaster Herbert Dargan SJ.

Prefect of Studies Maurice F. Headen S.J.

Date 18th November, 1958.

余本良副校長的獲獎証書

他的學生都很尊敬這位文靜的理科老師，不只在學術知識上教導他們，更在做人處理方面都提點他們。

70 年代的校友記得：「我因為參加攝影學會，對於余老師有了很深的認識。他善於啟發學生思考；課餘時帶我們四周拍照，那段生活充滿樂趣。他的攝影作品，獲得很多獎品。」

梁沛錦

1964 年加入九華。一位校友抱歉自己中國歷史科考試成績只是一般，但梁老師仍然不斷鼓勵他，實際拓展他的思維及視野。

梁老師很熱心指導同學管理圖書館和學校對外的中國文化展覽，同學從中得益良多。

梁老師把新亞書院儒家文化、歷史和哲學介紹給中六七的同學，拓闊他們對中國歷史文化的視野，影響他們對中國文化身份的認同，筆者也是受益人之一，是筆者中國文化的啟蒙導師。

蘇偉航

1967 年加入九華。任教地理，喜歡帶學生出 field trip。「好好玩，我記得最緊要一次，去南丫島，南丫島有兩個碼頭，我們有班同學包括我在內去了另外一個碼頭，所以遲到，便要搭下班船，怎知行過去時便有人踩到蜜蜂巢，真夠刺激。」這位校友描寫得非常生動。

當年發生師生旅行的交通意外，蘇老師聽到電台廣播，他立刻聯同幾位同事去醫院探訪支援受傷的師生。

吳天助

1967年加入九華，原本在內地唸法律。他的藝術才華非常高，除了在本校教美術、音樂和中文課程外，還曾為政府修復文物、為電影公司演奏鋼琴。

梁松澋

1968年加入九華，「他從來不給我們家課。他說：『你們是全日制學生，上了一整天課，回家應該培養自己的興趣，可以是運動，可以是音樂，又或其他事情。你們也應該跟家人多交談，增進感情，不宜把所有精力都用在課本上。』老師很注重溝通，他認識每一位同學，除了教數學，有時候會來一節『閒談時間』，這是我們最感興趣的。他見識廣博，讓大家信服。」這位校友感恩之餘，更特別強調不要印錯梁老師的名字。

趙起蛟

1969年加入九華。一位醫生校友輕描淡寫地感謝趙老師，「他不教書，教我們解剖，後來我做外科醫生，發覺我們的解剖技術完全沒有問題。第一天我們做外科已經叻過其他學校的人。」

另一位校興奮地說這位老師教的都不是考試範圍的，有passionate，當然有些個別同學捱不起挑戰，因要考會考，便要出外邊補習。

這位老師，感覺上好像很隨意，好像Francis Kong一樣，教起來很隨意，他教那些，大學都學不懂的東西。

「趙Sir是一本生物方面百科全書啦，我們都吸收了好多，其實他教的，根本上可能在大學才會教，只不過趁早就在中學教。」

江紹德

1969 年加入九華。「預科那兩年教授中文和中史的，是我非常敬重的江紹德老師，我一直希望拿到好成績，以此回報他的悉心教導，他教中史科的堂我從來不缺課，那怕整個課室只有小貓三兩，他依然用心在黑板上寫精要，我也用心抄筆記，結果我卻放棄了，這個錯誤的決定，讓我耿耿於懷許多年。」

李文成

1969 年加入九華。校友記得這位熱衷環保的老師帶他們到彌敦道，用 test tube 和樽收集空氣返學校分析，用好多試紙，試有多少酸性和鹼性，研究空氣有幾污染，希望培養我們和社會的環保意識。另一個校友當學生時一起做的計劃便是「華仁徑」，很有意義。李老師教地理，不過天南地北都講得非常吸引，因為當時這位校友中三甚麼都不識，所以覺得好 impressed，學了很多書本以外的東西。

湯漪虹

1969 年加入九華。這位國字面老師，神情嚴肅。湯老師對一位英文異常差勁的新界學生，卻特別關顧。由於課堂的時間有限，湯老師未能在上課時仔細糾正他的發音錯誤，還囑咐一位英文程度較佳的同學，在小息時教導他正確的發音。

湯老師很注重查字典，除了釋義外，還教導國際音標，對掌握英文字的發音非常有用。

黎鎮邦

1971 年加入九華。「他的教學方式基本上不是當我們是中學生，而是當我們是大學生。他教的數學很深奧，他的數學堂不會令同學很辛苦，反而令大家很享受，會研究為甚麼會做到這些題目，在他熏陶下，大家數學科成績也不錯。」

他還有特色的課室管理——突然將椅子扔向地面，然後罵同學，這讓大家真的呆了。接着的兩年，他們都很安靜地上課，成績甚好。

蘇中平

1972 年加入九華。有位校友覺得「蘇校長像 Francis Kong 和 Fr. Brady 都是個 legend，這些老師、校長自己講笑，自己卻不笑。」

另一校友還覺得他外表嚴肅，但實際上好明白學生的心理。有一次他們吵鬧嘈得很厲害，驚動到他自己去課室，不過站在課室外一會，聲音靜下來他便離開。

蘇中平校長在「現代水墨畫運動的搖籃」畫展中致詞

1990 年代，一位校友返回母校擔任初中歷史教師。當時，蘇中平校長向他推薦了幾種教學方法，這些方法效果顯著。中一至中三的學生很喜歡上他的歷史課，覺得非常生動、有挑戰性。

本世紀初 2004 年他發現一位移民香港的內地精英運動員，但因為學歷未達標準，又没有教育文憑，便聘請他當校工的領隊，下班後請他當田徑教練，田徑隊得益很大。

有校友畢業後參加學校的活動，記得蘇校長的記憶力驚人，開會時不用筆錄，但會議結束後便可寫出完整紀錄。

李德君

1973 年加入九華。一位校友感謝李老師教 choir 很好，說要大家一齊去開心一齊去努力，他學到好多東西，後來更訓練他取得 Senior Choir 全港男聲冠軍。

姚仰龍

1976 年加入九華。一位校友喜歡踢波，但被這位 sports master 無端端拉去打籃球，竟然變成他的幾十年最鍾意的運動。另一個校友回憶阿姚 Sir 去帶足球隊校隊，暑假就會去他長洲集訓，整隊睡在他家的地下，朝早便跑山。

梁玉愛

1977 年加入九華。這位校友記得梁老師雖然個子比較小，但比較有權威，令他們知道行為的界線，雖然有時都比較惡，但對於他們的成長有好處。她不會說話太多又不會太少，能夠保持她的權威，令人信服。

梁偉光

1978 年加入九華。梁老師的「數學勁係人都知啦」，這校友跟梁老師學電腦，雖然有些沉悶，但學了許多電腦歷史，實際後來也很有用。

「他給我很多 input，除了學習之外，也重視做人的道理，我以前參加的義工小組，也請他協助，他非常受愛戴。」

樂凝霜

1978 年加入九華。有位校友很感激班主任樂老師，教他中文、中史，還鼓勵他去朗誦，更透過他寫文的問題捎出他行為的不足，直至他後來做醫生繼續犯這些毛病，才記起當年中文科 Miss Lok 的忠告。

鄧婉玲

1978 年加入九華。她送每個同學兩個細書籤，一隻腳板樣子，當時這些校友不明白這隻個腳板有甚麼意思，他幾十年都沒再想過這件事，直至幾年前 Miss Tang 過身，參加彌撒，他跟 Miss Tang 家人提及送書籤的事，他突然間一 click 想起，天主教或基督教都有 footprint 的故事，原來這是當年 Miss Tang 的苦心。

關嘉儀

1978 年加入九華。派完成績表之後，用自己私人的時間逐個約見我們。又帶我們四十幾個學生去長洲張保仔洞旅行。

Russell, Freda 蘇影蘭

1979 年加入九華。歷史科老師，非常用功讀書、教書，令同學對歷史產生濃厚的興趣。

鄺華基

1979 年加入九華。他教中文、中史，講書時抑揚頓錯，朗誦時鏗鏘悅耳。他培養了很多同學的學習興趣。

姜耀明

1981 年加入九華。「他教地理的課程，可謂前無古人後無來者，筆記是用 Star Trek 字體的，這是因為他是 Star Trek 的愛好者。他教天氣，其實融滙了許多其他的知識。」一位校友輕鬆地描述。姜老師是利物浦足球隊的忠實擁躉。聽說他幾十年來，從未錯過一場利物浦的足球賽事。某同學唸中六時，姜老師堅持組織 field trip，和學生到長洲梅窩等地度過一個星期。他們完成了日間的課程，晚上到長洲的糖水店吃甜品，師生打成一片。

戴雯淇（前名戴玉娣）

1981 年加入我校。她選擇學生去圖書館服務，教他們倉頡輸入法。她很嚴格，除了教書本知識外，教了很多課外文化知識。她要他們默書、背文章之外，還教了好多書本以外的知識，譬如天干地支，要他們默餐牌。無論手法如何，起碼他們都學會中文打字。

黃熾強

1981 年加入九華。非常認真地教授英文，很多學生因此取

得了顯著的進步。黃老師非常欣賞華仁的自由教學氛圍，在課堂上他樂於分享個人的生活點滴、許多瑣事以及人生哲學。後來，他前往澳洲深造音樂。

林永雄

1982 年加入九華。講課精彩，小息時經常和同學下棋。一位 1995 屆的校友說，他家中藏書豐富，甚至有《四庫全書》。學生畢業之後，向他請教古詩的規律，他總是樂於指導。

簡日祥

1982 年加入九華。「因為我很頑皮，他想捉我去做 prefect，教好我的紀律和心態。可能當了 prefect 多了一份責任感，會想起碼做好一點，就算只有表面，都想做好表面給人看，都是有正面一點的幫助。」一位校友輕鬆地回憶。

程永基

1986 年加入九華。教書很出色，無論 presentation skill，抑或內容都用蘇格拉底學習式，講下自己的旅行經驗、人生經驗，從中學到教英文文法等都有涉獵。

2010 年，程老師帶領同學採訪羅定，教導鄉村小學學生。此後，每年一次，直至 2018 年結束。

黃偉良、李潤明

1987 年加入九華。兩位電腦預科課程在中六上學期完成後，帶領同學鑽研當時最新的技術，黃老師更親自替圖書館編寫了一套圖書管理系統，我校圖書館比公立圖書館更早電腦化。

黃偉良老師笑口常開

李國強

1988 年加入九華。「他好 support 我們，教我 Physics，我水平差，他有問必答，我上課睡了，他仍然會解釋一次給我聽講了些甚麼內容。」一位校友的感恩的回憶。

周炳華

1990 年加入九華。「他知道我快要離開華仁去外國讀書啦，特別設計了一張書簽，自己寫上一些勉勵的說話給我。他給我們最重要的啟示是『惜緣』，珍惜我們身邊的緣分，珍惜你身邊的人和事物。」

成志強

1991 年加入九華。他不斷提醒學生九華的學校文化與別不同，不會拿着本書逐隻字跟解釋，又不會只講自己的好處，需要學生獨立思考。

岑少貞

1993 年加入九華。「教數學的。因為那時候中一、中二，有講過我經常不讀書，她給我簡單講一句 :『看你的樣子那麼乖，點解經常去玩？』」一位校友記憶猶新。

陳國明

1990 年加入九華。陳國明老師做過牙醫後，轉教生物課。他在課堂上分享了許多醫學知識和自身的經歷，開拓了同學的視野，讓同學對醫學產生了濃厚的興趣，立志報考醫科。學生經常和他交流，討論哲學等深層次話題，受益匪淺。

陳加樂

1991 年加入九華。「教數學見到我在堂上瞓覺，他告訴我不如不要瞓覺浪費時間，不如給我一本書，讀微積分，這是中四 A Maths（附加數學科）的課程。所以我在中二，自己去學了中四的微積分。」這些校友很有滿足感地解釋。

梁耀光

1992 年加入九華。「梁老師教我們數學科，他很自由，這些校友很頑皮，覺得數學課很簡單，所以經常不交功課的，梁老師覺得不交功課亦無所謂，學生懂得計算已經可以，真的很自由。

到預科時，我記得那時候黃展華老師說學生要習慣自己讀書，不是老師教甚麼就會考甚麼，他不會跟課程教，到大學都會是這樣的，要自己去讀書，老師只會教自己想教和熟悉的，真的很特別。」校友記憶猶新的回憶。

梁國頤

1994 年加入九華。他教 History 和教英文，對學生好好，支援一些家庭環境差的學生學費，或者請他們去旅行。

蔡惠海

1994 年加入九華。1978 屆校友。「他是我的中文及中史科老師，也是翻譯學會的顧問老師。在蔡 Sir 的課堂上，除了書本知識，讓我更拓展眼界的是他所介紹的作者與書籍，例如朱光潛的《談美》，教會了我用藝術感受世界。他相信『授之以魚不如授之以漁』。他鼓勵我們努力寫作。後來太忙，畢業十幾年，未有機會再睹他的風采。」老師在這些校友的腦海中留下非常深刻的印象。

吳家樂

1995 年加入九華。教數學。他和藹可親，能包容學生們的反叛行為。他學養深厚，初中學生可能覺得他較為嚴肅。學生升上了中四、中五時，他會在課堂講有趣的故事，增強教學效果。

蘇君煌

1995 年加入九華。無論學生如何頑皮，他亦不會責罵任何學生，用寬容的態度跟學生說笑嬉戲。

「他資助我參加，學校在暑假會舉辦一個到英國劍橋大學的遊學團，他跟我說成績好的同學固然要幫助他們學習，但成績稍遜的同學像我，其實更要幫助，因為他們未必有機會到劍橋大學學習。」一位校友的感恩。

張大超

1996 年加入九華。他在某校友念中四到中六時教他中文。他要求學生每一次上堂前要先站好，叫「老師早晨」。他要學生背《大學之道》。他講好多故事，講得好生動。

何富權

1996 年加入九華。任教的第一屆會考英文班，學生的表現異常出色。這個班級既調皮又充滿活力，總是樂於挑戰老師的極限。有一段時間上英文課，不知為何，不停有佛經輕聲播出來，他不明所以，就詢問學生們原因，他們解釋說是因為後山有晨運客在播放，他信以為真。然而，後來他發現原來是學生在桌子底下偷偷不停播放，他很驚訝，但也覺得頗為有趣。

Daswani, Asok

1996 年加入九華。「他要我們選一些時事或者有爭議性的題目，寫一篇長文，也是一個很珍貴的寫作經驗。」「他當我中四、中五的班主任，知道我家可能有困難，特別家訪幫助我。我班有一位老師，關心全班 43 人，真不簡單。」兩位校友不同的回憶。

鄭康勤

1997 年加入九華。他講明不跟書教，自己將中國文史的知識融入課程，而不會被 syllabus 限制。

「禮堂有個舞台管理組 Stage Management Team，當年鄭Sir 負責的時候，基本上舞台是他另一個家，因為他協助劇團製作許多節目。我和他交流合作比較多，因為做舞台要開週會，或者畢業禮的佈置。」校友記憶猶新地描述道。

鄭惠敏

1997 年加入九華。「我在中五當 prefect 時，得到她很多的幫忙，包括人際關係方面或怎樣分派工作，非常感謝她。」幾位校友都感謝她幫助會社組織活動，就算深夜找她，她也會覆 message。

蘇家燕

1998 年加入九華。「她教我中六、中七英文，嚴苛的程度是非常之絕的。她的談吐都去到 borderline，不過人夾人緣，我自己就很 neutral，屬於比較聽話，老師想教的我都吸收和欣賞。」這些校友感受良多。

Cable, John

1999 年加入九華。學生在他的英語課堂自編自導自演即興話劇。「我們會看英國卡通片，會煮拖肥糖……放假的時候，他更會帶我們出外行山露營，學習野外求生技巧。起初，他叫我們經過陡峭的山坡，走到海邊執柴，我們還是一臉疑惑。可是到後來經歷了一番艱辛後，回來以柴枝生火，圍着營火烤洋蔥烤薯仔。那份溫暖，至今回想起來仍感受深刻。」一個校友温情的回憶。

Alarcon, Guiovanna 余安娜

2002 年加入九華，教英文。她是阮永衡老師的夫人。在那時，有學生不重視英語學習，然而，Ms. Alarcon 憑藉其教學熱情和獨特的方法，吸引了那些男生專心聆聽，迅速提升了他們的英語水平。她很有愛心，放學後，有時會和學生暢談三、四小時。

衛穎賢

2003 年加入九華。「在他指導底下，我的 Biology 都讀得幾好，後來成為物理治療師，他教的內容許多都是 out of syllabus，不會考試的，到大學时候聽翻錄音，原來已經是 Physiology Anatomy 初步入門知識，broaden 了我們 horizon。」又是一個簡單的感恩。他是一個很有原則的人，會遵守自己的原則，對學生的要求也很高。

陳家曦

2006 年加入九華。「他很 open，你想試甚麼，舉手，他便談讓你去試，最緊要大家 explore 我們的 potential，不會 discourage 大家的興趣。他不只聽古典音樂，也認識流行音樂和搖滾音樂，態度很開放。」一些興奮的欣賞。

他關顧到學生音樂方面的發展之外，還關心學生全方面的發展，不只是音樂科。

周俏蘭

2008 年加入九華。這位班主任無微不至地照顧學生，非常用心策劃旅行、燒烤、踏自行車等活動，大家都玩得好開心。

周子詩

2008 年加入九華。剛進男校教書，同學用她名字中的「詩」字「配詞」，寫在白板上：「萬世『詩』表、『詩詩』睡意、柴可夫『詩』基、滅絕『詩』太、尊『詩』重『盜』、朝『詩』暮想、亞拉『詩』加、康鈣『詩』、奇洛李維『詩』、HK 詩姨姨 (HKCEE)」等。她問：「是誰寫的？」要他們出來，一班學生最初以為要捱罵，不料她拿出手機，與他們在白板上一起合照，記錄這一刻。她還愛跑步。

學生在白板上寫滿有「詩」音的詞語

陳岡

2009 年加入九華。他帶着腰患但接受負責明愛賣物會同學的邀請去「揼大錘」是挑戰，但不是一大挑戰。提升學校的學習氛圍和學生的學業水平是挑戰，但不是最大挑戰。眼見學校進步，但他因為自己是校長，同時眼見可能影響幼子在學校的生活，如何取捨是最大的挑戰。

何鴻恩

2012 年加入九華。他在英文討論堂注意到一位同學性格較為孤僻，便持續關注了這同學他兩年，不時地給予關心和鼓勵。

鍾衛良

2013 年加入九華。1979 屆校友。他引入耶穌會的「意識省察」(*Examen*)，讓學生學會感恩、提升自省能力，也為中六學生安排了每週一次的學科測驗，幫助他們準備好文憑考試。他鼓勵學生積極參加學界和國際比賽，擴闊視野，提升表現。同時也培養學生的自主學習能力，鼓勵學生在上課前要多備課，學習做 concept mapping（概念圖）和 note-taking（筆記）。

鄧卓楠

2021 年加入九華。「我們辯論隊打入奇趣盃比賽。其實我 Form 2 已經開始中辯，這是第一次打入決賽，我們準備緊主線時，鄧老師給我們很大的空間，我們也會給他報告進度。有一次，大家都準備到中間，我們要改主線。鄧老師就說你們加油，之後便退出我們的羣組，讓我們充分獨立發揮，更啟發我們思考老師給學生的深層意義。」複雜的回憶帶着感恩。

李維恩

2013 年加入九華。他是代倫理課的，他那時候教幾樣東西，「第一個就是他介紹了宗教信仰給我認識，直接影響了我一生。他教我們反思人生的意義。他分享他那時候他如何去追求信仰，令我往後很有得着；甚至乎我信仰的源頭來自這位老師。」這些校友對一位代課老師有如此深刻的印象。

劉真

1996 年加入九華。「他努力維繫我們好幾個 generations 的華仁仔一起交流，曾經帶去清水灣鄉村俱樂部打網球，許多舊生鼓勵我們討論，甚至談打球以外的人生經歷。」又是一位校友感恩的回憶。

球叔

他常和同學談天說地。他不單非常友善，更十分努力工作，是位很好的工友。他工餘的時候還會和同學一起踢足球。他充滿人情味。

芬姐

她對這個校園充滿恩情。她的兒子能夠在這裏就讀，接受良好的教育，她非常感恩。她見證了學生在這裏成長，看到了教育對他們的深遠影響。她期望當前的華仁學生能夠繼續努力，為自己、為學校創造更美好的未來。

有些學生在出國深造前，會向芬姐傾吐內心的憂慮。面對陌生的環境，他們感到不安，擔心難以適應。芬姐總是給予鼓勵：「華仁仔出國求學，必定能夠成功。」幾年後，他們回港時，往往會向芬姐表達感激之情。

謝伯

他疼愛學生，會教他們打籃球、教他們不要講粗言穢語、教他們人生道理。不知多少個早上，總會看到學生坐在校園保安謝伯身旁，靜靜地一手拿着麵包吃，一手撫摸着貓兒。好一幅安寧美麗的圖畫！有些校友出國讀書，回港時會立即拿着行李回校，首先探望謝伯，然後才見家人或師長。

以上是輯錄了訪問的校友在訪談（個別和小組）提及的老師的懷念和感恩。

所有參與這次集體回憶的校友，甚至八十年校慶紀念特刊接受專訪的校友，大家都衷心感謝昔日老師的教育和提點。上文有關老師的簡介，已基本上保存着這些老師幾十年來的辛勞和貢獻。基於編幅所限，抱歉無法一一詳述。訪談校友未有提及的老師，其實也是校友心中致謝的對象，更很難全部記錄。

這些教育結合言教與身教，記錄了師生歡笑、課堂內教與學的張力、課室外的創意引導、成千上萬學子的童真的莽撞等等。一日為師，終身為父。樹欲靜而風不息，無知學子成長後未必有緣一一回報，只能以此集體回憶錄誠摯地獻上謝意。不論天地分離，抑或時空相隔，**滿懷笑面憶良師，共享百載謝恩情**！

幼苗成長展生機

生活點滴憶舊事

50 年代，陸上交通工具就只有九巴。一位校友住在學校附近，「走 15 分鐘路就到，住得遠的同學就乘巴士。當年的巴士月票是一張紙卡，每天有四格可以打洞。同學住得比較遠，不會回家吃午飯；餘下兩格，就送給其他同學趕回家吃午飯，吃完回校踢球。有些同學回家吃嫌遠，又沒錢出外吃飯，就買一份麵包兩人吃，陳某和我就這樣捱了好久。」

華仁對面轉角的維記，售賣維記鮮奶、三文治；再轉角，有家食肆賣燒臘飯。附近有間更簡陋的茶餐廳，連電燈也不開，差不多午飯時間才開門營業。還有一個熱門的吃飯地方，就是 YMCA 了，即現在的 Cityview 酒店，以前是 YMCA 中學，有飯堂，我們去那裏吃午飯。

超過八成半的學生在公共屋邨居住。有些同學家境貧寒，依靠親戚資助學費。為了節省開支，有些學生帶飯回校吃；為了購買教科書，還有人會選擇到大排檔只吃兩碗齋河粉；有一位同學，連續十天的中午僅以法式長棒麵包果腹，用節省下來的錢買一本心愛的書。也有家庭困苦的同學，在暑假都為書店打工賺取收入，整個暑假，每天只能吃一頓正餐。

那時用一毫可乘一個分段，兩毫子全程。兩元八角一張月票，六毫一碟飯。飯堂那時可以煮食，炸魚飯九毫一碟，牛腩麵五、六毫一碗，炸包就貴些，三毫一碟，好好食！炸包有碎牛肉、有雞蛋。九毫的茄汁炸魚飯，很好吃，一大碟。念 Form 1（中一）

中間坐着的是周清霖老師，他曾在 1928-1932 年間任九龍華仁書院校長，在五十年代改任教師

當年的「小食部」？「大食部」？

時有毫半子一個的雞尾包，非常好吃！那時有個小食部，實際是大食部，有廚房的。

再不是你還可走去奶路臣街、麥花臣的攤檔吃啊！那時有幾檔專賣牛雜，小販的剪刀和叉子整天「叮叮叮叮」地響，牛雜用銅碗盛着。

學費方面，50 年代每月學費 36 元，有困難可向校長申請減至 24 元。當時警察督察，不足 19 歲，月薪九百多元，那時算是高的了。做文員有 370 元。許多有困難的同學都申請。那時交學

實驗室

五十年代的設施：課室內的桌椅是連在一起的，從桌子兩側可以看到桌內的東西

演講室

費給班主任，班主任寫收條給學生。

許多同學校園生活簡單，甚麼都沒有，好多東西都是自發的，打波啊、打波子啊。打波踢足球在沙地，着迷的一日踢三次，朝頭早返學之前踢 15 分鐘、中午食完飯又踢一次，放學又踢一次。

50 年代那時有沒有機會認識女孩子？校友的回合很直接：沒有呀！我們那時見到女孩子，掉頭就走。到 60 年代初，我們在聖誕節時也開派對。當時最慘的就是我們還不敢請女生。後來 Maryknoll（瑪利諾修院學校）也和我們有過一些聚會。那時候的神父，每年都會安排一兩次活動，邀請 Maryknoll 的女生過來，參加舞會之類的聚會。

寓學習於生活，寄教育於生命。

1970 屆的校友超然物外地追思：「蜥蜴很多，有的外形奇特，有的美麗動人。他喜歡躺在草地上觀察昆蟲、仰望浮雲、做白日夢。」一個中學生身心靈能如此的融合實在令人羨慕。

五、六十年代校友及校隊合照

當然在那個時代，午餐時間長達一個多小時，時間頗為充裕。飯後，一些同學會前往窩打老道圖書館或油麻地圖書館看書。校園裏不少同學穿着當時流行的喇叭褲。上體育課時，大多數同學穿上「白飯魚」（白色帆布鞋）。到了 70 年代中期，一些同學開始穿名牌球鞋；在賽跑或踢球時，甚至會穿上釘鞋。有也同學穿名牌白色牛仔褲、手持皮製公事包上學；有同學在校內買賣郵票以牟利；有同學在工廈舉辦舞會，入場費每位 5 元；這些事，校友多年後仍然津津樂道。

六十年代乒乓球校隊獲獎

當年，好玩的東西不多，閱讀風氣很盛。頑皮的同學，可能在堂上看課外書。金庸的武俠小說十分受歡迎。學校圖書館內的金庸小說常常被借光。偶有一兩位同學看色情刊物，會成為被取笑對象，不過也會引起一些同學心動。有同學看漫畫，如《龍虎門》《中華英雄》《叮噹》等。較少同學看比較專門的書籍，如哲學類；英文書也很受歡迎。

我們班學習都很集中，大家都已養成自學自律的習慣，走堂只是一個表面的現象。不過，社交方面，有些

五、六十年代籃球校隊

我校圖書館，建於 1950 年代

同學見到女生都害羞的，好聽點說是比較單純。

校褸和冷衫方面有好多不同顏色，有紅色而帶淺黃色兩間，有胸口車花 WYK，有綠色，也開胸和過頭粒的 V 領，形形種種。校服也有好多種款式，白色衫是標準，但褲可以白褲又可以灰，可以長褲又可以着短。當時電視節目的男仔又着條白褲踩單車很有型。其他小學或中學需要着皮鞋返學，我們可以穿波鞋(以前叫「白飯魚」)，比較平民化和自由。

不過，到了 80 年代，學校對衣着的要求比較嚴謹，一位校友在中一開學天氣仍熱，沒有穿校褸，便被副校長和訓導主任抓住說「這位同學，為甚麼你今天不穿校褸？」第一句問我是不是家境有問題，第二句就說，寫一張字條給我，就去留堂。我們要在儀容上尊重學校，還有紀律，現在回想起來，其實它像潛移默化，雖然每個人都說九華很自由，但都有些基本規則要遵守。雖然第一次和唯一一次被罰留堂，反而就是一個提醒，他覺得這件事都挺有趣的。

踏入二十一世紀，同學的校園生活仍然帶着童真的味道。有些同學之間關係好，他們都住「火車沿線」，即現在的東鐵線沿線，一開始可能只有一、兩個，然後就慢慢聊一聊，發覺大家都住在沿線，所以放學會六、七個一起，不一定是同一班，放學一起回家，有時就會八卦一下其他班有甚麼事，那個一起放學的時段都挺開心，認識到其他班的同學仔。

回顧近八十年的校園生活愈來愈多姿彩，學習和課外活動愈來愈豐富，更重要的學習與課外活動的互動不斷增加，結合而逐漸塑造九華教育的模式，慢慢顯示出耶穌會的精神：在萬事萬物中找到上主；在每天的生活做多一點做，「更好」*Magis*，就像《禮記》的教導：苟日新，日日新，又日新。

回顧 1952 年新校舍給予九華一個廣闊的校園，九華教育的幼苗在師生默默的耕耘，一棵小樹逐漸冒出泥土，教與學已超越課室和書本。遠渡重洋的耶穌會士以校為家，以生為子，他們用生命感召一批戰爭期間成長的知識份子投入教師的行列，結合言教與身教，塑造一種帶着中國文化理想圓滿融和的「圓融教育」（Integral Education）。

自主學習重啟發

羅馬不是建於一日，百年樹人的九華以耶穌會 *Magis* 的日新又新精神感染了無數師生，携手默默地灌溉這棵窩打老道的小樹苗。今天百年一遇，學生懷着感恩之情追思往事，蒙恩百載，格致傳薪，立己同行。融合知識和價值的教育，一方面需要言教與身教的互動，另一方面要求學生虛懷若谷，開放心靈，自力更新，才能達致圓滿融和的教育境界。

在學習經歷的回顧，校友的回味也是多姿多彩的。

50 年代的校友記得當時第八班時的英文教科書是 *Oxford English Course for Malaya*。他們許多來自中文小學，學習英語和以英語學習的挑戰很大。一位校友帶着特別的表情說第七班與中一是他最痛苦的兩年。有位老師，每早隨手拿份英文報紙或書本雜誌進教室，進行 unseen dictation。串錯超過五個字，便要排隊打手板。平日，這位老師教書，先讀一次，然後揀學生讀，如讀錯，他更正後說：「again！」如再讀錯，他更正後，再說：「again！」兩次 again 後，同學如仍讀錯，就會有體罰；就算十一、二歲的同學都會哭起來！

進入九華的同學，既有從小學名校申請入讀而獲得錄取的，也有從基層小學通過升中派位進來的。他們小學時成績不錯，不少人名列前茅，但上課後才發現許多同班同學的升中試成績更高。當年教英文的都是外國神父，有部分校友初期的英文水準低，不能正確讀寫，經過神父老師和同學在課餘時指導，他們很快便追上了。許多校友在華仁印象深刻的體驗是：「天外有天，人外有人」。

老師在教學上一視同仁，任由學生自由發揮，不會特別為成績優異的學生增加負擔，對於表現懶散的學生也只是勸勉；在必須處分時，通常也只是罰抄、罰站或留堂，很少同學因犯錯記大過而被開除。當時因成績趕不及而需要留班也常見，大家也無所謂，同學亦很接受，還說笑這是認識多些朋友的方法之一。

1960 年進入中一的學生都不理會成績差異，要到 1961 年開始在中二以成績分 ABCD 班，同學也不大留意，反正未到中五

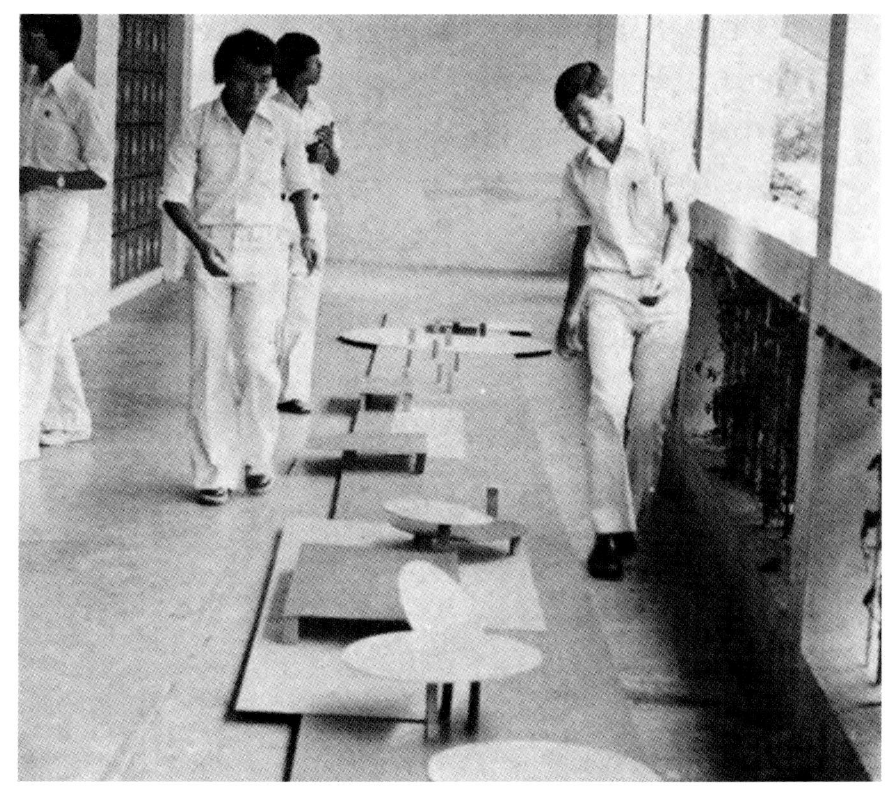

同學在學生會總部外籌備活動

會考也不會緊張。學生怎樣讀書也是自發的。有同學臨考試前兩個月才自己組織起來，一起學習。

一個深刻的印象是英文練習寫 precise，每星期寫一篇，把兩三頁的文章或幾百字的文字，濃縮到幾十字，會考必考，是一個很好的技巧訓練。

還有另一個觀察：那時候的英文默書是由老師讀出，學生寫下來。但是中文默書是背默。英文默書輕鬆很多。當時的發音是英國女皇的英語，如果你當時講美式英語，會不及格！但另一位校友又補充：「我們都很努力聽那些神父說話的。愛爾蘭英語聽起來非常糟糕。我畢業後出來工作時，有幾個字被人說：『這是愛爾蘭英語的口音！』我也立刻改正回來。英國人會問：『這愛爾蘭英語你是哪裏學的？』我回答：『愛爾蘭耶穌會。』他們就說：『噢！難怪！』因為我有愛爾蘭的口音。」

50、60 年代的校友有個集體回憶是書法。1968 屆的校友記得他在 Form 1（中一）的中文老師姓程，名字不記得，花名叫「柴叔」。他們中文課要寫毛筆字。程老師很好，逐個檢查他們的握筆姿勢。這些基本訓練很重要，他握筆一輩子都還算不錯。中文科考試時需用毛筆回答問題。中文、中史堂也需帶墨盒，叫毛筆湖墨水匣。中文書法用九宮格描摹，很有效果。英文有 penmanship，用 copy book 練習。它有四條線，兩條實線和兩條中間的淺色虛線，寫大楷時，中間的部分就必須在那兩條線之間，比如寫大楷 L 要在上面，而寫小楷 g 是要在下面的那條線之內，不能超過那兩條線。

另一個有趣的回憶：Madam 教數學時，我們需要學習英國的貨幣：英鎊、先令、便士。每 12 個先令為一英鎊，到 12 時就要進位，然後 20 便士為一先令，到 21 要進位。現在已經不再使用了，因為英國己沒有這種制度，這是歷史的演變。

一位 60 年代後期的校友想起些重點：當時老師講及 school objectives，我們起初覺得，原來要我們學習優良，要成為一個有用的人，第一樣係教你認識自己的文化，我印象好深，後來長大後才知道是講 school environment，即是給我們學生自己去課外活動，去互相學習啊，亦即是 everything start from，就要你有 self-confidence，然之後你就識得尊重人，有責任心，有投入感。

一位校友於 1973 年入學，因英文不佳，在學業上遇到了極大的困難。到了中二學期末，他知道自己需要留級，既羞愧又失

五、六十年代，同學在作文和默書時，必須使用毛筆作答

在 1955 年建成的學校禮堂，後來，外牆長滿了攀爬植物

望。在往後的幾年中，他身邊不斷有好同學出現，默默地陪伴他或鼓勵他。學校有許多優秀的神父和老師，使他茅塞頓開，明白了凡事應盡力而為的道理。他在公開考試中屢次失敗，但仍努力奮鬥多年，最終獲得了專業資格。

一位校友在中一時很少參加課外活動，日以繼夜地學習，希望爭取優異成績。學期末成績公佈時，他考到了全級第一，但並不感到滿足。反而，他身邊的同學很興奮雀躍，娓娓談論他們在課外活動中的成就。到了中二那年，這校友意識到自己一味死記硬背的學習方法已經無法應付考試；他看到同學輕鬆自如、談笑風生，學業成績已經超越了他。他這才明白，自己進入了一所與眾不同的學校。

1976 屆的校友分享一個特別的經驗：「有些科目是你自己要靠自己的，去捉蚯蚓啊，去捉老鼠啊，去捉老鼠回來劏，自己同學走到一堆，就走上自己家裏天台研究，幾個打算考醫科的同學就走到一起，那些同學是很合羣的，不會像有些學校的爾虞我詐，大家都走去幫助大家，大家都希望要考到，我覺得那些精神是很好的。」

90 年代中期的校友簡要地描寫了他中五的經歷：「我在 5A，叫精英班，全校最好的先生一起來教我們，譬如英文的 Francis Kong，數學的黎鎮邦，中史的劉炳章，Physics 的大耳牛，抱歉記不得名字。所以解釋得到我們那一年成績特別好。英文老師要我們每一個星期讀一本書，包括 David Copperfield，*A Tales of Two Cities* 等等。起初採用 simplified series，之後要 original version。」

「還有 O'Flanagan，也是很好的英文老師，之前的 Fr. Moran，後來的 Francis Kong，這種培養學生的 tendency 很清

同學正在解剖

楚，我們幸運由中一到中五受教，其實讀書風氣是很勁的，甚至到現在我們仍不斷學習，活到老學到老。」

當年其實最重要的課程是教我們日後出來生活，出來過人生，例如 Ethics，音樂、美術，其實對日後的生活更重要。其他讀了的，譬如話 Phy，Chem，Bio，其實讀完書和畢業之後，都差不多忘記得七七八八，反而覺 Ethics 之類會影響生活的質素。

任教倫理的 Fr. Brady 忠告一位 60 年代的校友：「Don't read good books.」這位校友聽不懂。神父才補充：「Read only the best！」啟發了他終身的思考。

一位 70 年代的校友記得清楚 Fr. Brady 啟發他們思考倫理價值的故事：有兩個百萬富翁去天星碼頭，搭船過海，有一個三毫子買船票，一個就沒有。沒有帶三毫子的富翁就覺得好 miserable，沒法搭天星小輪。Fr. Brady 問那個沒帶三毫子的富翁需要 miserable 嗎？天主做人，大家都是平等的，一個人有了一百萬，他還有其他的成就只值三毫子嗎？

啟發式教育是自主教育的要素之一。70 年代許多校友指出，九華整體的教育系統是 self-learning，即自主學習。可能學校收到一些成績優質的學生，但重要是學校的校園文化和學習風氣，大環境給學生這些氛圍的影響，「如果有一半以上學生，都有這種教育理念，令到你比較尊重自己和尊重人，一路做個好人，education 實際已成功。」這是九華教育的「格局」和視野。

當然自主學習的挑戰很大，其中一個校園的學習文化特色是給學生很大的自由度去計劃和管理他們的學習。這個表面簡單但實際非常複雜的教育模式需要很多方面的努力才能成功。許多校友都在不同的場合談及這些問題，直接和間接反映出他們既接受了九華教育的洗禮，實際上也在灌溉着九華教育的土壤，以他們自己的成長擴展九華教育樹林的樹根，鞏固了九華的教育基礎。

其中一個許多校友共同分享的經驗是走堂或慣稱的「較腳」。70 年代低班的同學可能覺得走堂是挑戰權威，個個簽到完就走掉。高班的，尤其中六、中七都時平時好乖或自己有清楚的讀書計劃。

不過，校友仍然談到走堂時仍然有些童真式的興奮。有些校友說走堂去圖書館一會讀書，之後又玩一陣，其實並不是好頑皮，而是管理自己的時間。這個自由度受到老師的啟蒙，才是最重要的。死讀書不好，「好的老師還會教做人對事的道理，或者對學習的看法，但他們不會直接教我們，而是給我們空間自己去摸索。」

九華教育的精神在 80 年代校友的回憶中已清楚流露出來。一位校友相信當年學校提供同學大量物理空間和心理空間給同學，循循善誘；功課、測驗、考試很少。有人笑稱九華仔全上「自修堂」。其實，學校當然有教書，只不過不強迫同學死讀，而讓我們自己掌握學習進度；不少人說過，華仁有點像大學。大部分華仁同學，尚算自律、安靜、用功、有責任感。

這些對校園環境及文化的不同反應，當然有一些社會的背景因素。1982 一位校友已認為學校實際是個社會的縮影，不會只吸收某一類型的學生，收生有很大的「spectrum」，跟某些中小名校不一樣。九華會有比較草根的學生，但大家一齊去踢波和玩樂，做朋友都可以做得好開心，無所謂階級的觀念，很多不同階層的人都會接觸到，這是個優勢，幫助日後面對紛紜的社會。

一位 1984 屆校友對華仁印象深刻和比較特別感覺的便是功課不多，有功課但不太多，多的自由時間，都靠自己讀書。活動都多印象深刻，Form 1、2（中一、二）或者甚至乎 Form 3（中三）啦，有時 regularly 同外邊學校举办活動，特別是每年都有日本交流學生一起活動，有茶道、乒乓，好得意、好開心，當時少接觸外國學生，日本學生好有趣。我自己就真是没有接觸過一些負面的事，身邊都没聽過欺淩，或壓力大的問題，可以說是一個自由的 community。

1990 年代，有少部分老師讓高年班學生選擇上課與否、如何運用時間。中六、中七時走堂是司空見慣的事，大多是因為應付課外活動，也有些「學霸」覺得自學、不依賴課堂更有效；學生對老師的尊重，不是建基於簡單的「出席率」。師生關係一向融洽，學生覺得逃課並不是特別的事情，反而只逃過一兩次後便失去了興趣。

學校包容了許多不同的想法和價值觀，讓每個人都自由自在地成長。同學可以有足夠時間去發揮所長、培養興趣。有同學喜歡運動，課後用大部分時間練習球技，專心代表學校出賽。隨後的考試成績，讓他明白了，「自由伴隨着責任」，必須對自己的行為負責。責任其實是紀律。所以自由不是與紀律相對立，而是一種有機的互動，你中有我，我中有你的融合，即「自律」。

不過，仍然有部分老師對走堂行為非常不滿，因為，第一，學校課程緊密，老師要向多方面人士負責；第二，學生的學問根基，尤其是語文程度，大大不及他們以前的師兄，靠他們自己的能力，恐怕趕不上進度。

同學被學校培養出對追求知識的熱情、不功利的學習態度，常為了興趣去主動進行一些學術性的「課外活動」，譬如去看一些課程範圍外的參考書、去思考一些與考試內容無關的科學問題、或去做一些「無聊」的實驗。他們覺得九華學生彼此尊重，不需要迎合某種標準。同學能夠有各自不同的興趣，同學在自由的風氣下成長探索，既沒有誰的催促，也沒有覺得要得到誰的認同。有同學初中時跟師兄去觀星，中三起就會在走廊的長椅上看雜書，一大堆科學、哲學散文，也不介意多麼艱澀。

比如說，以前有一些 IT 很厲害的朋友，其實他們甚至乎是同一些教電腦科，或者是一些 IT 或者資訊科技很有涉獵的老師切磋，其實大家的知識量差不多，或者大家是一起去探索、去發掘一些最新的發展。比如說 IT 界的最新發展或者是科技的最新發展，所以其實有一點點開始見到一種平輩關係出現。「某程度上，我都很慶幸，因為我對於英文科有一些興趣，當年有一些老師很肯幫我，那種幫，其實是差不多一種平輩的討論，比如說我作文上面有些甚麼問題，我真的會拿着那篇文，走去據理力爭，就是因為我覺得老師可能誤解了我。當然，今時今日回頭看，你就覺得，其實當年可能只是自己的文寫得不好，但是那時候我們小朋友，當然覺得天下無敵，自己就拿着那篇文就去跟老師理論，老師又很肯去聽你，這就是平輩，差不多是平輩這樣的溝通方式。」

「因材施教啦，個人化，所謂 customise ，不是用一套通書，每一個同學的個性、要求、反應去處理。即是現代人講以人為本。每一個人的性格、品性、能力，都能夠照顧。以我自己的情況，我是一個渾渾噩噩，讀書和其他方面都不活躍，或只想者做得好學生，但 Fr. Naylor 能夠令到我感覺他真的好關心我，我對老師會退縮的，不敢跟老師親近，但他令到我覺得他容易親近，就算我不找他，他仍然來接觸我，我亦不會抗拒。」

有 90 年代的英文老師覺得，在學校教書很開心。每一天，有多好新鮮事發生。學生都很有個人特質。這裏的教學工作，自由度好大，不需要硬性規定跟足課文，又不用拚命教大量課文。完成一定工作後，老師有發揮空間，可提供大量合適的活動給學生，比如，在中一舉辦 performance night ，發掘同學的興趣和潛質。

到了新世紀的來臨，班上有同學善於思考，經常在課堂上提問並挑戰老師的觀點。老師們鼓勵這種批判性思維，與學生進行討論，營造了自由開放的學習氛圍。一位校友緬懷自己的成長路：「在九華讀書時，我就開始思考自己往下的人生路該怎樣走下去，覺得自己不應虛度光陰，為社會做點事，但做甚麼好呢？」教育啟蒙的功能已初見成效。

一位校友很有歷史感，他指出現在聽起來好像是很平常的事，但在那個年代來說會有創新的意義。「我們做 group project ，大家一起去做這個 project ，其實是一個比較新穎的學習模式。我覺得這是一個比較深刻的印象，同一時間我覺得，除了給予自由之外，很多時候學校都會有不同的渠道會跟你們去講一下，究竟甚麼是自由呢？」

2000 年千禧畢業的同學有點感慨。他深刻的印象是校長的話：「九華會將各位學生當作成年人般，予以尊重」。他真的在九華享受了七年寬闊的成長空間。其實這是不少校友的共同感受，在不同訪談的環節中都清楚浮現出來的回憶。

其中一個比較突出的是位 2000 年畢業的校友，他對當年的經驗作出一個很全面的意識省察：「在華仁我學到了呼吸。這裏的呼吸有多層含義，包括呼吸到不同領域的知識、呼吸到自由的空間、以及與同學之間的信任與關係……第二是自由的可能性。在九龍華仁書院，多年來老師們從未給學生施加不必要的課業負擔，文科、理科、商科的學生都可以根據自己的興趣選擇不同的科目。第三是與同學之間的深厚關係。從小息到午餐再到放學後的乒乓球、籃球和足球比賽，再到去信和中心、機舖和旅行，都是中學最難忘的時光。」

一位 2004 屆的校友作了一個較全面的反省：「我覺得在華仁學習，讀書的那七年，有幾樣東西是令我一生受用的：第一就是學會了甚麼叫『自主學習』，我在華仁瞭解到學習應該要主動的，你有興趣去學一件事，這樣才會學得好和可以持續地學下去。分享一下經驗，我們中七還要考 A-Level，很多時候同學包括我在內都走堂，不上堂，另找地方邊讀書，讀到不懂就會走回課室問老師，那個老師又沒有問題就照說，說完之後，不會留在那裏，會走出去繼續讀。第二，要多謝以前的先生包容我們。其實都很不對，你乖乖地上堂讀書，但又不是，跑出去，要多謝老師包容我們。這些師生互相理解，才有互相尊重的關係，很值得珍惜，很珍貴，有這樣的關係，整個學習體驗是非常特殊。讀書都讀了十幾二十年，這些體驗在其他地方未必找得到。我自己覺得很重要的就是在華仁，我很早就知道學習不等於考試，而學習也一定要和考試切割，不論是重疊的部分，但不可以說劃上等號，一劃上等號就不好了。在華仁理解，或者可能我學錯了，考試是很功利的，是一個工具，是一時的；但學習不是，學習是不計較利益的，沒有計算的，還有學習是持久的，不斷地做。所以這兩樣東西是不一樣的，分開這兩樣東西，整個學生的生涯會舒服，會走得舒服，如果將這兩樣東西等同了，會很難受了。」

這種校園文化也在許多同期校友身上反映出來。另一位

2004 屆的同學感歎最深刻的經驗實在太多了，他覺得「基本上每一個學年都可以找一件事出來說」。「我當年 99 年中一入學已經是五年一屆的開放日，中一已經做了一次開放日，第一年剛進來，我那時候是 Y 班，大家一起搞開放日已經是一個很特別的體驗；另外當時中一級的課室還是有 french windows 的，即是落地玻璃窗，外面有個露台，所以那時候上課已經問了老師申請，上課的時候出去搞壁報，諸如此類，所以那時候已經是一個很特別的經驗；然後去到中三，我是 Fr. Naylor 帶的，他是一個傳奇的老師，所以他的 outing ，所有的教學方式都是很特別的，一會兒我都可以再補充一點 Fr. Naylor 上堂的點滴；中四開始，就已經開始多了參與學生會事務、學生活動，以前我有唱 Choir ，後來轉做伴奏，幫合唱團伴奏，所有的經歷其實現在都是歷歷在目；有打字比賽，全校推出一起去做打字比賽，這些經驗都是很特別的；中六就搞學生會，又有其他幾樣東西做，然後對我來說其中一個最難忘的經驗，也是當年有幸被選中做 student ambassador ，去了加拿大西岸，跟當地的舊生會交流；也是在中六那年，五年一次，所以又有一個開放日，還有當年也是校慶，忘記了多少年了，總之就是那年是校慶……又因為除了一般學生會的活動之外，剛巧遇到校慶，所以整年是搞到有很多不同的活動，大家都有份去幫忙，非常之難忘。」

到了上世紀末，師生交流融洽，下課以至晚飯後，師生校園輕鬆漫步交談的情景，反映校園文化的傳承。

2013 年開始，鍾校長為同學設計一個重要的生活環節，午飯後有十分鐘給大家一個寧靜自省的空間，嘗試體會意識省察 *Examen* 的經驗，校友記憶猶新。

言教身教日日新

耶穌會的教育理念是希望培養和關懷一個完整的人。人的完整性需要身心靈的融合，這便是中國傳統生命哲學的最高境界：圓融人生 Integral Life，圓滿融合成為和洽的生命。達到這個理想的境界是不斷努力的生命歷程，所謂日日新、久日新。點滴的進步也代表着耶穌會另一個重要的理念 *Magis*「更好」。這代表着耶穌會謙虛自省的態度，點滴的努力是創造進步的基礎，也是追求圓滿人生的動力。根據耶穌會會祖依納爵《神操》的精神，過去百年來的師生攜手合作拓展和灌溉這塊圓融教育 Integral Education 的土壤。

在耶穌會的理念下，教育不是平面的或單向的，家長和社會的合作建構了大環境，創造一個合適的格局，使師生得以知行合一、言教與身教的磨合、師生互動的共創、課堂內外的跨越，一起在時空的延續逐步前行。九華師生在課堂的教與學，創造圓融教育的基礎，他們還努力在課外活動實踐體驗式學習。

其實校友對老師言教與身教合一的貢獻都感恩不已。兩位 60 、 70 年代的校友如泉水般分享：

「耶穌會的教育是教你成人……沒有教我 competitive ，比較喜歡團隊……沒有教你做一個 leader ，它是教你怎樣以一個團隊貢獻社會，即是 more like a team 。」

「我覺得其實華仁的先生個個都有 character ，都好有他們的特質，譬如 Fr. Naylor 帶我們去水塘，去個後山，看 water pipe 做紀錄，帶我們去彌敦道行，記住門牌號碼回去要寫文，就是這個神父……以前我讀小學覺得神父好嚴肅，為甚麼九華的神父這麼活潑？之後每一個老師，就特別比如教數學的「菜頭」，他可以

聖堂尚未建成前，同學在特別室內祈禱

同學在聖堂內望彌撒

不帶甚麼，徒手畫個圓形出來，好犀利；譬如教我哋 Geography 的李海洲先生，經常坐低換眼鏡；李文成老師整天喜歡講故仔，即是每個老師都好有他們的 character，都好不同，不會一模一樣，其實每個老師都好有特點，都好 interesting 的；譬如 Fr. Doris 成日鍾意約人傾偈，成手鎖匙飛過來，這些都是好的回憶呢。譬如郭修士，我們班主任叫我們落去踢波，都未打鐘就準備好，換衫先，同我踢波啦，每個老師都好有特質嘅。」

「我們老師就好多係好 inspirational 啦，例如教中、英、數的三個老師都是超班的，基本上可以教大學，有 Francis Kong，Maths 仔，還有一個叫做梁沛錦，他是個粵曲的權威，後來好像去了中大教。我覺得中學教育，其實好多時我們學基本 basic skills，有 logical thinking，有 critical thinking，加上語言能力，就已經係夠，其他的基本上都是自己學，華仁就好幸運，英文方面啲老師就是頂尖的，Francis Kong，Fr. Taylor，印象深刻還有 History 湯漪虹老師，非常好用心，Francis Kong，除了是英文大師之外，更好有心機教學生，好關心學生，因為好多時花私人的時間教他們，例如一個同學姓黃的英文不太好，他每早 9 點鐘上堂前 8 點 Francis Kong 親自教一個不是他那一班的學生……還有許多 outside classroom 的 story 我或者未聽到，大部分先生都是好用心教。神父就不在話下了。」

真的！這次口述歷史的訪問，負責採訪的在校同學和部分校友、前來接受採訪的校友都基本上是自動報名參加的，除了少數書面的訪問，一切訪問和回應都是當下而自然的、內心的真情流露。神父和教師真誠的關心學生，深化教學的教育，塑造成一種校園文化、氛圍、價值的系統，開展一個 50 年代至今被訪問的校友都認識和認同的格局。這是九華學生能夠充分傳承和發揮他們自由、自律、自學的教育環境。一位 70 年代的校友精闢地反省這種融匯貫通教育的塑造：

「成立一個 interest group，你就會有一班同學⋯⋯有個 social structure，這是華仁建立的好多 friendship⋯⋯老師的 guidance 不多。不知 Fr. Reid 怎會發明這種 system，我相信他在 since mid-60s 去 promo 的，到他離開 which is late 70s，他 promo 的，即尊重學生，信學生⋯⋯Fr. Reid 就想 train 你建立一個 character group，一個 very important 的 which distinguished 華仁 from other schools，即是好有用的。」

「另一個印象是九華 school objectives，並不是教你要學習優良，你要成為一個有用的人，第一樣是教你認識自己的文化，我印象好深的，combine 之前講的 school environment，即是給學生自己去組織課外活動，去互相學習，其實每個亦都是 everything start from，這樣你便有 Self-confidence，之後你就識得尊重人，有責任心，有個投入感，這是 Venture Air Scout 其中一個 objective 呢，就是教 scout to be a young man standing of words，其實是 education，教你們自己尊重自己，自己有責任心，就是這樣了。但是這樣已經係相當 unique，是有用的，即是教做人。是有 character 的華仁仔，one thing I am proud of myself。」

當時的 Fr. Chan，學生答問題，Fr. Chan 回應 very near 其實是 no，good boy 是 yes，即是 encourage 你 learn，成個 education 都要 build 你的 Self-confidence, Responsibility, Integrity，其實 education 就是 all of this，不是叫你 obedience，也不是其他名校的 excellence of school」。

九華的教育理念，寓教育於日常生活，給學生一個無形而有生命溫情的校園文化環境，讓他們自主地探索，老師是同行者，也是抱着愛心和關懷的支持，亦師亦友地孕育成一種刻骨銘心的情誼。Fr. Finneran 多年來悉心培育的網球，發展 old boy mentor program，把好幾代的網球學生和校友團結在一起，又吸引到江之鈞老師積極的參與，直至他們兩位先後歸天家，這批學生和校友每年都會到他們在天主教墳場的墓地拜祭這兩位恩師。這正是上文一位校友學校尤其他提及 Fr. Reid 默默建構的 social structure（社會結構）和塑造的校園文化：透過師生的互相尊重和信任，讓學生自然地自由地尋找的興趣和發展自己的才能，慢慢他們建立某種 social structure，把課堂教育傳授的思想和價值融化入課外活動，使校園轉化為一個有形及無形的教育生態圈，在一個圓融的境界孕育學生。

另一種融合形式，是結合制度化的課堂教育和非形式、具彈性的課外活動，這是更開放更和有創意的教學方法。很多校友談及不同老師在這方面的發展和貢獻。最具代表性而能深入人心的是 Fr. Naylor。這位完完整整地「在萬事萬物中找到上主」、活在當下之中而體現出耶穌會精神的傳教士和教育家，「走出課堂」，「走進社區」，「走入自然」，不單他每星期有一天的 outing 發展非常多元化的活動式教育，參觀佛堂、回教清真寺、黃大仙廟、基督教的會堂、錫克教廟、堅尼地城屠場和荷李活道的文武廟，走訪貧窮社區，在大自然中接觸宇宙創造的奧秘。他的名言：「It is better to light a candle than to curse darkness!」在貧童會他和其他神父 Fr. Mallin，Fr. Kennedy 及學生協助街童成長；他拉着學生去男女童院探望曾經失足的青年，讓他們覺得自己實際是很幸福的；他們又去污水處理廠，去到學習污水過濾，令他們明白環保的具體工作；他會以身作則，到油麻地果欄勸導街童到貧童會，還請學生幫助街童温習，他自己去買東西給街童充飢。

另一位校友記得他中一班班主任是梁國頤老師，是一位博學、關心學生的老師。當年他自己的英語水平不高，梁老師總是默默鼓勵他適應學校環境，並不時給他們提供額外的中文和英文讀物。最感人的是在中四、中五的時候，這位校友和幾位同學決定選修歷史，梁老師會在放學後帶他們到附近的餐館吃下午茶，邊吃邊上課，而且梁老師總是主動結賬。這些經歷在其他學校或許不會發生，而在九龍華仁書院，這一切都成為了可能。

九華老師默默的耕耘，自 50 年代以來重視耶穌會教育的精神，根據依納爵靈修走向內心世界的深處，在日常生活的經驗中，反省檢察自己心底的價值觀，從而理解自我的經驗，跟着判

魏志立神父和他的學生拍攝班照

斷行為的是非，最後作出抉擇。這正好反映出上世紀著名耶穌會神學家 Bernard Lonergan（郎尼根）神學方法理論背後的「動態認知結構」（Dynamic Structure of Knowing），包括 experience 經驗、understanding 理解、judgment 判斷 and decision 抉擇的活動；同時亦可以在儒家的吾日三省吾身、格物致知的道德人格模式看到異曲同工之妙。

因此，這些精神的體現不只是在課堂，也是在學生參與和組織的課外活動展示出來。活動式或體現式學習在近十多二十年已是相當普遍，但在上世紀的後期卻較少談及。九華師生共創的圓滿而融洽的教育模式，實具有它時代前瞻性的意義。

繽紛活動共成長

師生訪談充滿歡樂的回憶，當年校園生活除了學習，課外活動更是他們不可或缺的生活。

作為一個耶穌會學校，50、60 年代都吸引不少天主教小學畢業生，同學讀書接受洗禮的也不少。一位 1952 年入學的校友一兩年間便領洗，到他畢業時他全班同學四十多人，只有四位沒有洗禮。當時的聖經教理導師熊瑞徵老師很溫柔和藹，潛移默化，筆者在中二受洗，也是受熊老師引導。由於聖堂的靈性氣氛非常吸引，有興趣的同學會參加輔祭或聖詠團。

到了 80 年代學校為了統籌學校宗教活動而成立的學生聯會，亦是學校三大聯會之一。除公教聯會外，1980 年代為了統籌老師的牧民工作，在當時在 Fr. Coghlan 倡導下成立了牧民小組（Pastoral Team），現為學校的牧民委員會（Pastoral

前：趙起蛟老師；後：蘇中平老師。相片由余本良老師設計及拍攝

輔祭協助神父舉辦宗教活動

Committee）。

一位 80 年代後期的校友記得參加聖母軍的經驗，除了每星期開會外，還要做義工，可以選擇去太子道盲人中心，幫盲人去錄音或去老人院探訪老人，或去聖母醫院藥房幫藥劑師分藥，聖母軍曾經有一段時期的導師是周守仁修士。

音樂對教友吸引很大。一位 2013 屆校友參加天主教聯會主要的興趣是合唱團，後來甚至出任主席，他印象最深刻的活動是唱歌 Christmas celebration，包括照顧禮儀的部分。

九華雖然是天主教學校，但在 60 年代梵蒂崗大公會議的影響之下，合一思想非常突出。1970 年代中期以前，學生基督徒團契早已存在，但並非正式的校內組織，要借學校隔鄰的信義會真理堂聚會。有幾位基督教同學，在中六時嘗試向校長 Fr. Reid 申請場地，以便定期舉辦基督徒團契活動。當時，這位校友心中忐忑不安，因為不知道在天主教學校舉辦基督徒團契是否可行。結果，校長很好，一口答應，他還拿出了一個信封，說是給團契的支持。信封裏面有張一百元紙幣。後來有一次 Fr. Naylor 也來出席，說了一番鼓勵的話。當時 Fr. Coghlan 是學校神師，連團契都照顧了，這充分顯示耶穌會神父的開放態度。

從信仰靈活動轉過來看看其他課外活動。

50 年代剛啟動的校園設施相對簡單，運動尤其足球運動成為最重要的課外活動。足球是愛爾蘭的國技，神父年青時也不難是足球健兒，聽說 Fr. Toner 個人足球技術非常厲害，當時英國最出名的球隊是「狼隊」，所以他的花名就叫「狼隊」。

50 和 60 年代是九華足球校史的黃金時代。50 年代的校友非常自豪地提到當年的精英：張兆強、黎明聰、張子東、郭錫泉、吳振邦、李耀光和李耀榮曾被選香港青年隊，到吉隆坡參加

大型彌撒在草地足球場上舉行

公教協會舉辦公教節論壇

聖詠團歌唱

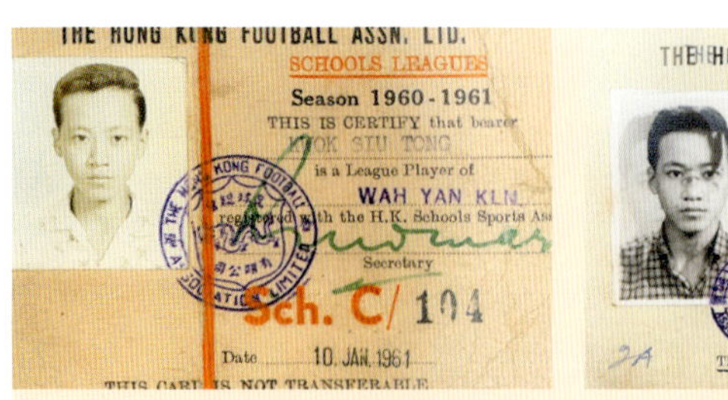

五、六十年代足球校隊的隊員證

東亞國際賽，Fr. Finneran 是領隊。這些精英畢業後每逢星期日下午，經常返校跟在校同學作友誼賽，同學雖然不是對手，但獲益良多，互相切磋亦提高校園足球熱烈的氣氛。筆者與三位兄弟都曾參加足球校隊，在這近二十年的光景之中，見證了足球運動和兩個足球場在九華校園文化的重要性。除了教練朱 Sir 之外，Fr. Finneran，Fr. Mallin，Fr. Moran 和 Fr. Farren 均發揮他們的足球智慧，落手落腳與球員打成一片，上下一心，榮辱與共。這是凝聚校園氣氛的一鼓向心力。一位 60 年代的校友記得在中一時便開始投入打球和看球，每當有比賽對 KGV 時，全校都非常熱烈地等待，大家都在教堂草地上觀看。

Fr. Foley 和工友辛勞地照顧草場，沙地更是時校園的活動中心。校友記起當時熱鬧的情況：「我們一下課就去沙地踢球。以前沒有更衣室，大家在沙地一起脫褲子。我記得以前的沙地球場比現在的泳池那部分要大得多。外隊來我校比賽，經常輸給我們，因為我們的技術真的不錯，懂得如何利用場地；外隊完全無法發揮。在沙地上，我印象最深刻的是至少有十個隊伍同時在比賽，這樣的場面很奇特，看似混亂卻有秩序，彼此不會出現太多的碰撞，大家都學會了如何走位和配合，這也是華仁的特色。橫着踢的時候，一個球門有幾個人守着。會有一些干擾，但通常

丙組足球隊榮獲校際比賽冠軍

聯校足球賽員合影

也很快就過去了。中一的學生在踢，中五的學生也在踢，雖然大家都是在比賽，但幾乎沒有互相碰撞的情況。大家都懂得如何閃避。」

足球場不論草地或沙地，都是學生活動的核心地帶。幾十年下來，草場已經殘舊難修。Fr. Deignan 是個足球迷，更繼承 50 年代以來師生對球場的熱愛。據校友的回憶，他和校友多次傾談，都覺得草地足球場可以更緊密聯繫九華社羣。自 2004 年由兩所華仁舊生合作的華仁一家基金會一直積極籌款支持兩所學校發展，包括轟動一時 2012 年兩位譚校長（譚詠麟與港華譚兆炳校長）同台合唱的音樂會。於是 Fr. Deignan 透過華仁一家和兩個舊生會成功籌集了 1400 萬元，以改建九華的草地足球場。新的仿真草足球場於 2014 年 9 月啟用，神父親自主持開球禮，自此成為兩華在校學生和校友的活動中心，有訓練、友誼比賽和各種大型活動，亦啟發了校友 2024 年百年校慶在草場上創造第一個華仁的健力士世界紀錄。

到了 70 、80 年代，在 Fr. Finneran 親自創造九華的網球文化，從零開始，憑着熱切而坦誠的態度，籌組訓練班和校隊，師生共融，齊心發展一個有情有義的網球文化圈。幾位校友興奮地重組這段往事：

「中一的那一年，有一日正上課，突然有位神父走進課室，原來是 Fr. Finneran ，他直接問我們誰想學網球，因為他已經跟一間體育用品公司談好，可以平些賣網球拍給大家。」

「他那時拿着木網球板到每班邀請同學，然後我們就去排隊試打，看看誰打得好一點，初選之後，慢慢再教我們對着後山網球場塊板打，同學就在那裏看示範，初步打到十至二十次，再慢慢由基本開始教。」

「很多同學最初入網球隊都是不懂得打網球的，當時由他教，我們當年是在黃金時代，我們的網球場是剛剛新建，以前用那個石屎場來做網球場，直至 1977-1978 年政府建造四個硬地網球場給九龍華仁，當時上午由康文署用，學校時間會由九龍華仁用，

1988 年校園俯瞰圖

「譚校長與譚校長演唱會」

所以上午會有何文田附近的人來組織網球訓練班。放學後，Fr. Finneran 教我們打網球，由 1972 至 1981 年九華是連續十屆冠軍，我進去的時候剛剛接近尾聲，我的師兄打得很厲害，已經連贏了七、八屆，到我中三時，就是九華取第十屆冠軍了。」

「我們每個星期都有三小時和不同 old boys 練習打比賽，他們可能在讀大學或由外國畢業回來，這些非正式訓練活動是很開心的。因為他們會告訴關於工作、大學或外國生活和其他分享，所以我們師兄弟關係，網球就有這 Old Boys Mentorship Scheme。」

這些歡樂的時光將會永留在這羣校友心田，更為校園文化多添色彩。

此外，許多同學也參與田徑運動，其中深刻的印象之一是蘇中平校長在公民體育會健身的時候就認識了一個內地精英運動員吳炯炯，由於吳老師沒有學位和教育文憑，不能任教書工作。蘇校長轉聘他當校工，下班後才當田徑教練，校長費盡心思為學生，大家都很感動。這些田徑老師到處發掘有潛力的同學，在籃球場和足球場，看到誰跑得或喜歡運動，便訓練他們，試試擲鐵餅或推鉛球，這位同學終於發掘到跳遠的興趣，在訓練之後還取得三級跳學界獎牌。

一些醉心田徑的校友互相支持，「靠一班師兄弟，自發去一齊去練，我們無強迫的，一個禮拜三日。通常從華仁開始跑去尖沙咀，經過衞理道、理工、尖沙咀到海濱公園，接着跑返學校，算是熱身……到正式訓練，通常分項目：中距離歸中距離，短跑歸短跑，田項歸田項，我們短跑通常必定會衝斜路的項目，即在斜路一般衝十次。」這些同學自發地建立一套自我管理的系统，或甚至專業的訓練，也反映他們自主學習的能力和成果。

學生運動訓練中培養自我挑戰、不計成敗得失而堅忍奮鬥。這種自强不息的自律精神，正是九華學生自主教育的實踐途徑之一。對紀律和羣育有更直接關係的是（陸）童軍和空童軍。

一位 60 年代的校友覺得童軍活動蠻重要的，一方面是紀律，一方面也有團體活動的機會，有機會給我們做小領袖，這些也是一些學習的機會。另一位則記得童軍的紀律罰則：穿制服時說粗俗說話、不服從命令、無故缺席童軍團活動，初則警告，再犯罰五角。以那時的物價，午餐價只是二元至三元半，懲罰不算輕。之後年紀稍長，明白遵守童軍誓詞和童軍規律是這些罰則的背後

不同年代的運動會

2007 年校運會師生接力賽

精神。還有另一位校友反省這些羣育活動的意義：在天氣寒冷的野外環境讓他們學習克己守紀律，更明白童軍領袖需要承擔責任，時刻瞭解別人的難處和願共甘苦。

九華另一個制服式團體活動是空童軍，由 Fr. Cunningham 創立。一位校友講述他當年深刻的經驗：「在華仁的草場，那時還可以讓我們在草場搞 campfire，在晚上。我記得那時有很多老前輩，十一旅那些，有些很資深的，有些六十多歲的老前輩都回來，因為那次碰巧也是華仁 50 週年的校慶，搞了一個很大型的 campfire……童軍生活其實是對學業一個非常非常重要的補充，你在七年的華仁生活中其實不只是讀書，兩者亦都沒有衝突，當然大家要管理好時間。我們這麼多年歷代的空童軍，都夠出很多醫生、工程師，你說甚麼人才都有，甚至我聽說是十優九優都出過的，都是很活躍的空童軍，所以其實除了成績可以繼續

童軍興高采烈地聚餐

保持之外，其實更重要是，我們出來工作就知道，你在童軍學到的技能，包括你的領導才能、包括你如何跟人相處，是受用一輩子的。」

另一位空童軍校友補充：「在七年的空童軍生活裏面，很多姿多彩，有很多難忘記憶：考行山章，要去行山，給野狗追；去 Christmas camp，我記得當年都很冷，在基維爾營地，冷到要去拾柴枝，在營幕外面燒柴火；又試過我們一羣人去行山，在大坳門被人打劫，錢全沒了，第一次坐『豬籠車』，希望那是我這生人的唯一一次坐，以後不用再坐；所以這些經驗都很難得，在那幾年裏面，學了很多東西，很多的技能……當然除了這些之外，

搭建羅馬炮架

升旗儀式

其實做童軍，最重要就是領略到一些堅毅的精神、團結、領袖才能，這些都令到自己往後的人生，成為你繼續做下去的一份堅持和動力。」

Fr. Cunningham 創立了空童軍，讓學生在一個清楚紀律架

蘇中平校長在聯歡會介紹馬黃潔君老師

構的組織中有自己的目標和規律地成長，既有校園組織如後來的學生會和不斷成熟的校園文化支援，亦有開放的體驗式學習。結合組織紀律和自我管理的融合性教育，在九華校園開花結子，更向圓融教育邁進一小步。

陸童軍和空童軍的活動重視紀律和操練，與足球田徑網球運動很相似。九華教育重視課外活動的發展，在這方面有它特別的意義。耶穌會會祖依納爵早年是中世紀後期的騎士軍人，他獲得聖召之後創立耶穌會，培訓會士的實踐進路見諸於他的祈禱默想摘記《神操》(侯景文譯，*Spiritual Exercises*)，它是靈修退省的指引。在該書的〈凡例一〉解釋「神操」這個名詞，是指任何省察默想口禱心禱，以及下面要說的其他靈修神工。就如散步、走路、跑步都是體操；同樣地，準備整理靈魂，驅除邪情，好能認清天主的聖意，以便調整自己的生活，拯救靈魂也都「神操」。耶穌會神父熟悉靈性的操練，在教育的日常生活中，一定能夠理解到運動和童軍在體操、訓練紀律和自律、耐力培訓和接受成功與失敗的挑戰等課外活動背後的精神以至靈性意義。耶穌會教育的實踐性強、謙虛而開放，讓學生擁有自由之餘，給予他們在羣育之中，透過團隊合作和尊重紀律的操練，培養自律、自我承擔責任的道德品格，這是掌握九華結合課外活動和課堂教學，從而拓展一種更全面的圓融教育的關鍵。在這理論框架下，九華其他課外活動的教育意義便更容易理解。

從校友回憶的花絮中，合唱團也需要培訓及操練。三位不同年代的校友分別談到合唱團中他們這些方面：

「我們那個年代，是自己練習自己出去比賽。當然啦，成績未必一定好好。不過，現在回轉頭來看看，我好 enjoy 那個過程，好開心，即是有一個機會給我一個團體的生活，互相包融、學習和忍讓。」

「其實是一個好好的 teamwork ，不只一個對外的競爭，對外是 team building，是合作性， teamwork 方面是一個好好的 experience 。」

「我中一時，我覺得我自己好怕羞，我要克服我自己，唱歌時不要怕醜，不要上台時手震震、腳騰騰……我學到許多東西，不要怕羞，更要有 discipline……和 DGS 一直在比賽。她們英文好的，所以英文歌，贏的次數會多。我們的中文歌曲亦不比她們差，大家都互相尊重。我們是一個團隊和一個訓練，大家一齊去開心一齊去努力。當然，會有贏輸。」

開放日活動。左一為「最純良的訓導主任」簡日祥老師

校友回憶中的其他課外活動結合羣育、德育和智育，對個人品的培養至為重要。這類別的活動中較全面和大規模的是學生會、開放日和賣物會，也是他們津津樂道的成長經歷。

有關學生會的活動，筆者創會時，跟一批同學抱着關心學校和同學的福祉，毅然提出成立學生會的構想，完全是源於感恩的童真，得到 Fr. Reid 和 Fr. Smyth 的支持，我們幾個同學跑到每個課室，向全校同學介紹這個當時在中學學界的新生事物。學生會的章程是首屆執行委員會秘書參考香港大學學生會，我們再簡化而遷就當時學校们的實際情況，修訂而成的。雖然有少數高班的同學抱着一些悲觀似的顧慮，學校卻非常開放，一句負面的質疑都沒有，默默地陪伴着學生會的誕生。一切都簡單務實。筆者同時兼任學生報的主編，參考當時香港中文大學新亞書院的《新

2008 年 Homecoming Concert

2024 年學校開放日

亞書院生活雙周刊》，期望我們中學生的刊物能達到大學的水準。

學生會在不足三個月之內得以順利誕生，充分證明耶穌會教育的精神：「人受造的目的，只是為讚美崇敬事奉我們的主天主，因而拯救自己的靈魂。世界上一切都是為人而造的，為幫助他追求他之所以受造的目的。……因此，我們對一切受造物，在不被禁止而能自由選擇的事上，必須保持平心，以及不偏不倚的態度……我們所願意的、所選擇的，只是那更能引我們達到受造目的之事物。」（見侯景文譯《神操》「原則與基礎」）學生會創立充分反映出耶穌會這種「平心」（持平之心，Indifference），有於中而形諸外，發揮尊重人的價值和尊嚴，坦誠而包容地聆聽學生的渴望和訴求。

到了 70 年代，學生會已逐漸成長，一位 1979 屆的校友回顧參加學生會，「忘記了讀書，由日朝到晚，在學生會組織活動，包括帶着師弟們，希望他們能接莊，所以要去訓練他們，令我明白，反轉頭來，他們成長實際也能好好幫助我，令到我明白除了自己工作之外，我都要令到我下邊有人跟住我一起去工作，我猜這也是九華精神的一個部分。」

另一位校友記得他中一時擔任班代表，參與學生評議會。某天，評議會召開會議，依照慣例，由學生主持。當天，何副校長出乎意料地出席會議，回應質詢。原來，有位高年級同學在學報上發表了一篇談南沙羣島主權的文章，校方不同意刊登。該同學在會上質疑學校的決定。面對憤怒的學生，一向威嚴的副校長提出合理的解釋。對這位中一學生來說，確實是一次震撼的體驗：學生不僅得到了尊重，還獲得了與副校長平等對話的機會。他上了人生第一堂活生生的民主教育課。

一位校友在那個年代參加學報的編輯工作另有一番感受。編輯工作不是在電腦上做的，而是先收到手書的稿子，經過校對和編輯的功夫，然後交給印刷廠製作樣本，經多次校對和剪貼後才付印。由於學報有編輯委員會，因此這些工作都是一羣人做的，要商量和做決定，全都是同學自己來的，學到的東西自然不少。另一位 90 年代校友則補充，學校非常信任同學；涉及數十萬元的校刊出版工作，都交由編委同學負責，甚少干預。一般來說，校刊廣告不多，需要學校補貼很多錢。

一位 90 年代曾經擔任過學生會主席的校友，知道這個位置不僅僅代表學生，也代表了學校。「那時候便開始感受到壓力和有些事情是必須要完成，要有責任心，不可以不負責任、半途而廢，這些便正正反映了在社會中工作的狀況，有些事情是不想面對或是過程中遇到困難，也不可以放棄，必須堅持完成工作，而這些事情和技巧正正在學生會裏工作的時候訓練了。此外，做學生會的時候，也要考慮各方面的因素，尤其是會否影響學校的聲譽或者學生，所以壓力也比較大。例如水運會的時候，招募學生到水運會打氣，要從學校申請，此外還要考慮到同學們會否乘機缺席課堂。這些東西正是反映在社會工作狀況，例如不可以半途而廢、做事情的時候要考慮有機會出現的負面影響，那時候學生會學到的東西，終身受用。」

學生會和學報面向所有同學，兒童會、開放日和賣物會則轉而投入社會。

好幾位校友都參加過兒童會，得益很大，早期是協助神父到油麻地一帶接待一些街童飲食和學習，後期參加教學工作。到了 70 年代中，甚至交給學生自己去掌管。

一位 90 年代的校友參加開放日的工作，「要自己做，學校不會理，只要不要搞到天翻地覆，這樣搞完之後，執好東西後，也沒有人理。」他形容是「自由本身不是最重要，其實令我們成長更快。因為我們你會面對好多像我們年紀的人，未必會面對的問題，十多歲的小朋友不可能會去考慮、思考的。因為我們搞 event，你不會夠錢用，原來真的要籌錢，要打電話找 sponsorship，最記得又要逐個打給師兄，都是無端端的。幾個同學猜拳，猜輸咗你打 cold call。」

另一位校友則享受回憶當年同學的團隊精神：「大家好團結，去準備好多攤位，甚至乎要通宵，又或者要分批工作，跟住又回家返屋企休息一下，沖完涼又返現場佈置，其實當時已經很珍惜

中六同學在最後上課的那天，互相在襯衣上簽名留念；臨別前在停車場圍圈，高唱校歌，響徹雲霄

這個機會，現在回頭再看，更加覺得好珍貴。」

踏入本世紀初，一位校友把開放日和賣物會對學生的影響有一個整體的反省：「不論組織 open day 抑或 bazaar 經歷的過程，當然有很多事情發生，都想不到那時候一班人可以搞出這樣的事情。除了這些過程之外，我覺得對我自己來說很重要的一個 component，就是原來真的可以有一幫人完全不計較去付出，為了同一件事而努力的，這種團結是非常難能可貴的。可以很老套地說，有時候想起或者剛剛看到你的問題，我去準備的時候，我回想起過去，都會感覺到一陣熱血，而且真的會寒毛豎起的，我都很慶幸我有機會在這一生人裏面有這個經歷。」

這些校友不約而同地道出課外活動的深層意義：不只有為「行動」doing，更關心行動對成長的「存在」being 的價值，既是依納爵《神操》的「基礎與原則」信仰生活的定向，也是孟子所謂「自反而縮，雖千萬人吾往矣」，或者尼采更有哲味的感慨：「既知緣何上路，萬水千山等閒。」

課外活動的基本教育意義是眾人皆知的大道理，關鍵是這些活動如何與學校整體的教育理想和課堂教育的結合？學校的校園文化是否有助師生之間的互動、促進形式的教學與非形式的體驗學習的融合？學校、老師和學生都是有機的個體。一般所謂全人教育的實踐，最重要的條件之一是這三者之間發展成一個我中有你、你中有我的圓融關係。九華的課外活動上世紀一直是老師和學生在互相理解、尊重和信任的關係之中出現的和發展的。上文介紹九華神父和教師過去多年來以不同形式與學生同行，結合身教與言教，塑造一個自由自主的自我教育的文化，這些課外活動才能充分發展和達到「從行動到存在」(from doing to being)的境界。

我校在明愛賣物會的「掭大鎚」攤位

某年賣物會發生意外，我校同學立即主動手拉手分隔人羣，騰出通道，讓救護車通過，以便急救

賣物會，揼大鎚

一位很「大隻」的先生大顯身手

水上活動

懷舊自省 謝師恩

啟發悟道定終身

「我在九龍華仁的日子，一方面因着得到校長老師們給我在學業上的悉心栽培而感恩，另一方面透過我參與興趣活動，在自信和人際關係上得以建立，我內心充滿喜樂！今年是九龍華仁書院一百週年，願天主賜智慧及亮光給母校的校長、老師和同學們！力上加力，恩上加恩！」以上是一位 1978 屆校友的書面感言。

這次我們透過學校、舊生會和學生會的合作，得到超過四百多位校友和部分退休老師的參與，一起勾畫出一個立體的回憶錄，大家充滿感情地把自己的經驗和感受記錄下來，從而展示出上世紀 50 年代至今校園生活的發展。大家都充滿感恩的心情回顧大家不同階段的經歷。

2024 年 12 月 20 日的校慶百週年晚宴，有超過二千位的老師、校友和他們的親友參加這個令人非常興奮的盛會。從外國不同地方特別專程返港參加舊生會 international reunion 活動，把這個百年的盛宴帶到高潮。他們的歡樂和交流也為我們這裏四百多位校友和老師默默的交流和分享引入另一個高潮，給予我們感恩歡樂、喜悅笑聲和歌聲的回憶。這正是我們希望用一個更立體的方式，通過大家自然而由衷的感情把上世紀 50 年代以來學校的歷史描寫出來。

校友對學校和老師的悉心教導都感恩不了。所有接受和參與訪問的校友都是自動參加的，他們異口同聲都感激學校和老師對他們的教導，充分肯定學校對他們的影響。

九龍華仁的教育是教學生做人，這差不多是所有校友的共識。

學校培養了我們多種氣質：真誠、坦率、勇敢、好學、勤奮、忍耐、自律、盡責、活潑、聰明、幽默、尊重他人、溫柔敦厚、不卑不亢；也留給我們人生道路上最愉快的回憶。（1970 年代）

1977 年到 1983 年，我在 WYK 度過了 6 年的中學時光。毫不誇張地說，那些年對我這個人產生了巨大的影響。我跟很多人說過，大學是我學會如何謀生的地方，而 WYK 是我學會如何生活的地方。WYK 的教育不僅僅是學習，我們學會如何對待和尊重彼此。從基本的「良好禮儀」，到自由組織和參與各種課外活動。我們不僅透過閱讀來學習，也透過實踐和互相挑戰來學習。回顧過去，我最欣賞耶穌會神父們的奉獻和犧牲，他們畢生致力於在香港教導我們。（1970-1980 年代）

有機會在九龍華仁上學及教學對我人生最大的影響，就是有機會接受及實踐耶穌會的教育，更能夠在日常生活運用。（1984 屆）

以下是綜合了他們回憶九華教育對他們的影響，簡單可以包括以下一些要點：

道德正向好培育

有同學表示，神父的指導和學校課外活動的經驗增強了他的勇氣，使他能夠勇敢面對不確定的未來。（1960 年代）

耶穌會的神父，尤其是 Fr. Brady，致力於培養學生優秀人格，展現了卓越的遠見。在全港的中學中，九華是第一所開設尊重中國傳統文化倫理學課程的學校，鼓勵學生獨立思考和深入研究，幫助學生認真對待生活，培育出追求真理、堅持原則的精神。（1960 年代）

當年我是華仁同學中讀書很差的一個，慶幸得到很多人的啟發。九華對我人生最大的影響，是讓我養成追求完美的習慣。往後我有一個做事的原則，就是一件事我可以不去做，但若我決心要去做這件事，我就要將這件事做到最好。（1967 屆）

華仁在培養倫理價值方面成效顯著：無論做人還是做事，都必須全力以赴，追求卓越。（1970 年代）

我從來未聽過 Fr. Naylor 在校內口說天主教道理，但他身體力行，深深影響了我。經過母校七年的春風化雨，我逐漸學會了：要環保、要尊重別人、要扶助弱小、快要發怒時要先讓自己深呼吸或靜下 15 秒、傳福音時要少說多做、要以榮神益人、愈顯主榮為餘生的志向。（1970 年代）

一位同學告訴 Kong Sir，外邊人說覺得我們英語發音奇奇怪怪。Kong Sir 回應：「我盡力地教學生學好英語，學生只管用心學習，為何要理會別人怎樣睇法，發音準確是同學所需學的事，別人聽不明是別人的事。」他啟發了我一生都要學習的做人處事態度，其一是要學習有足夠的分析能力，其二是儘管努力而行，盡力而為，無謂左顧右盼，不理會多餘無謂的批評。（1979 屆）

Fr. Brad 在倫理課教：The end does not justify the means。倫理課的知識和討論，令人終身受用。（1970 年代）

華仁十一旅空童軍團，為同學們提供了愉快的成長體驗，同時也培養了他們的品格。（1970 年代）

我覺得華仁的教育給我去學到，就是我會知道自己的 value，不會輕看自己，但是我又不會驕傲，或者我懂得去欣賞別人……我覺得九華給我的教育是處理了這些問題，就是幫到我去正確看自己。我知道我有甚麼優點強項，我也都知道我的甚麼弱點，甚麼不足，然後我也懂得去欣賞別人。我覺得這個是對我一個很好的教育。（1970 年代）

九華神父對中國文化的尊敬，與我家庭背景好近，因為我爸爸傳統讀書人，他一直用儒家思想去教導我，所以華仁教育的氣氛和教育的方針，就很吻合，培養君子 gentlemen。（1970 年代）

有位校友多年來接觸 Fr. Reid 和 Fr. Farren 等神父，發現他們都有一個共通點：面對困難時，他們不會抱怨，反而能夠發現事物積極的一面。他發現：保持正面積極的思想，人生會美好得多。（1970 年代）

神父、老師的教導、倫理課的討論，都非常珍貴，使同學能夠成為對社會有貢獻的人，不會偏離正道。（1982 屆）

Fr. Finneran 做我班主任，常常提醒我們：「Do the thing you have to do first, rather than do the thing you like to do」。（1984 屆）

九華對我有絕對大影響……比較開放讓你可以自主，我們學生會都很自主。學校只是引發學生向善學習的動機，我覺得這個真的很好，我還記得我們早會說過「勝了不驕傲，負了不找藉口」，我覺得那個很棒的！其實真的是做人的道理，到今天仍適用，可以刺激到自己會積極和希望做好些，而不是別人逼你。另外一件事是就是關於神父，他們一直都教我們道德觀，九華仔的道德觀是很清楚的，我們有時會很頑皮，但我們對道德的觀念很清晰的……我們為人比較老實，不善於做商業社會的事，但是我們有服務人的心和比較不貪錢，都是一般九華仔的特性……我覺得九龍華仁和耶穌會的教育，會轉變一個年輕人，對他們成長很重要。除了在九龍華仁外，其實上大學都是耶穌會，因為我是住 Ricci 的，所以耶穌會的整個培育，對我影響很大。人會比較 down to earth、積極樂觀和真誠一點，出來工作會順利很多，同其他人接觸都會令人舒服和有信心。（1982 屆）

同學回顧在華仁的足球活動中，最受益的是在艱難的環境下學會自我激勵，提醒自己要保持積極正向思維，一步一步去捱過難關。有擔任守門員的同學說，比賽時，在大多數時間，隊友都會背着他；他要學會怎樣在「獨處時」為自己注入正能量。他因此訓練出一顆堅韌的心，學會在壓力下仍保持堅定的意志去衝破難關。「By this sign, you shall conquer」校徽上的格言，他一直銘記於心，在面對困難時，用來激勵自己。（1994 屆）

有些同學起初習慣倚賴別人，甚麼都要問老師或家長。他們在參與及籌辦活動中慢慢成長，學會怎樣獨立處理事情。（1995 屆）

有同學回想，很多的信念、性格、習慣，大約在大學或畢業後開始茁壯成長，然而種子卻是在中學時期種下的。那時對勞動者的尊重，慢慢轉化成對自由平等的尋求、對戰禍的痛恨。（2000 屆）

九華重視公平正義，教導學生做事不能只看重利益和成果，更應關注過程是否正當和公平。這些價值觀，培養了眾多校友，

使他們在日後的為人處世中，更加注重堅守原則。（2004 屆）

老師的言傳身教非常重要。他們不僅在學術上指導同學，還在課堂之外與同學分享人生經驗、思考方法和價值觀，這些深層次的交流，拓寬了同學的視野，豐富了他們的精神世界。（2004 屆）

九華學生普遍低調、沉實、懷有感恩之心。他們不追求奢華、重視內在修養和實際能力。他們有強烈深厚的師兄弟情誼，樂於互相幫助、貢獻社會，這種文化氛圍延伸到畢業後的職場生活。（2005 屆）

學校提供了豐富多彩的課外活動。同學唸初中時，跟隨師兄帶領；到升上高年班後，就開始承擔起領導的角色，帶引其他同學應付各種挑戰。這些課外活動，大部分由學生主導。在這些大大小小的經歷中，大家學會了從錯誤中學習、培養出迎難而上的勇氣。（2008 屆）

有校友覺得，編輯校報，享有極大的自由度，能夠接觸並訪問不同社會人士，可讓同學拓展視野、增強社交能力、提升思辨層次。（2019 屆）

辯論隊同學領悟了一個道理：「在自己得意時要看得起別人，在自己失意時要看得起自己。」（2020 屆）

學會自學、終身學習

進入中一的學生都不理會成績差異，要到中二以成績分 ABCD 班，同學也不大留意，反正未到中五會考也不會緊張。學生怎樣讀書也是自發的。有同學臨考試前兩個月才組織溫習小

組，一起學習。（1960 年代）

九華注重培養學生的自學能力，同時重視德育和靈性培育。學校提供豐富的學習體驗，期望學生成為有同情心、有能力、有道德判斷力、有同理心的人，將來能努力貢獻社會。（1970 年代）

自由是神賜予的恩典，它允許人們充分展現自我。華仁鼓勵學生自主探索，但同時強調自律的重要性。（1970 年代）

勤力讀書，一分耕耘、一分收穫的那個精神，要自動自覺，因為很多時候有些科目都是靠你自己去讀的，根本老師不會怎麼樣逼，尤其是去到高班，你要自己去爭取。（1970 年代）

自由既可能帶來正確的、無愧於心的選擇，也可能導致錯誤的、令人悔恨的決定。擁抱自由意味着必須承擔所有隨之而來的後果……這一切的起點，都源於課外活動中自由多元的探索。九華的自由氛圍讓他不懼嘗試新事物，即使面對失敗也無所畏懼，最終找到了意想不到的寶貴經歷。（1970 年代）

校內會社的工作，主要由高年級同學負責，包括邀請老師擔任顧問、策劃活動等；為他們積累了領導和被領導的經驗，學習了在團體中與他人合作的技巧。（1970 年代）

有教無類，兼收並蓄。面積龐大，全港數一數二，動場上馳騁競逐，無拘無束，樂也融融。這是無形的栽種，學生合羣合作，齊進齊退，七年同窗，建立深厚友誼，終生不渝。校風良好，孕育學生一種操守，要努力讀書，上進自立，尊師敬友，回饋社會。品格行為，要潛移默化，關懷並進，學校宣揚關懷、互助、多做義工，學生長大後處世，也多關心社羣、包容、互諒、顧全大局。母校訓誨，做個好人。全校上下對終身奉獻的神父尊重，格外起敬。（1974 屆）

我想最主要就是幫助學生訓練 AQ，即是 Adversity

Quotient，因為九龍華仁基本教法不是要學生跟着做，而是容許學生可以有自由發揮的機會，老師不會帶着學生行每個步驟，學生需要自己去想一些方法去解決問題。這個是一種訓練，到將來出來社會工作時，每個人都需要做這步驟。九龍華仁會訓練學生培養獨立思考的方法，我覺得這事情是值得讚賞的。自己提出解決方法，目的就是不要放棄，最後一定要將事件完成，鍥而不捨。（1984 屆）

多位同學表示，母校培養了他們的自信心。剛入學的時候，由於其他同學成績太好，顯得自己成績平平，因此缺乏自信。但參與 Fr. Naylor 種種活動後，逐漸發掘出自己的潛質，贏取了老師和同學的認可。他們重拾自信心，相信只要努力，就一定能夠在某個領域取得成就。這種自信一直伴隨着他們走到今天。（1991 屆）

有一次，一位同學滿腔怒火地在課室內追打同學。Fr. Naylor 來到課室，沒有開口責罵，只是在黑板上寫「6：00pm」。所有人保持沉默，靜靜地坐在教室內，直至 Fr. Naylor 在六時正離開為止。打人的同學經過一夜反覆思考之後，翌日早上懇求 Fr. Naylor 讓他在課堂上向同學公開道歉。這是那位同學的成長轉折點。（1995 屆）

學校營造了獨特環境，讓同學以一顆赤子之心度過一段自由自在的日子。在旁人眼中，或許看似是放任，但實際上，在探索人生的過程中，同學雖有機會犯錯、跌倒，但最終學會了自我管理、並對自己的人生負責。（1996 屆）

在「明愛賣物會」中，學校提供大量攤位給學會舉行義賣。同學們需要自行構思、策劃、安排及執行各項工作，包括設計遊戲、購買禮物等。這類活動非常好玩，同時也培養同學日後的領

導技能、組織能力與創意思維。（1996 屆）

華仁不會強迫學生追求高分數或名次，而是鼓勵學生全面發展，尋找自己的興趣和方向。同學認識到：自由不是放縱，人人需要管理自己、承擔後果。（2002 屆、2013 屆、2015 屆）

華仁的包容性培養了學生開放的態度和獨立思考的能力，而不會被傳統框架束縛，不會對事物持有成見；學生學會理解他人的觀點，也增強了適應各種環境的能力。於是，一位校友在進入證券行業後，能夠運用獨特的視角和嚴謹的邏輯進行投資分析。（2005 屆）

校友在校期間與神父、老師、工友、同學，培養出深厚的情誼，並在畢業後繼續交往。很多校友樂意幫助師弟、分享經驗和資源，延續了學校的良好傳統。（2005 屆、2015 屆）

團隊與同行精神

我們都是好人，關心學校和同學。因為華仁有個球場，我每個禮拜都返去踢波，我見師弟跌倒便會關心他，大家華仁仔互相 respect，這是 brotherhood。（1979 屆）

我從 Fr. Finneran 身上學到幾樣事情，第一是建立一個團隊，他會針對每個比賽者的特點，再作個別訓練。那與現在所講「competency based learning」和「how to be a good educator」，令我想起當時我們學打網球，其實都有點類似，就是針對某人的弱點給予訓練，怎樣鼓勵，不要打擊自信心，透過一些制度去改善整個團隊，然後怎樣試行。例如：我們那時候是打三對雙打，很多時會練習試陣，到比賽前已經做了很多某特定情形下的演練，知道誰跟誰合拍些，戰術是甚麼等等，我覺得應用在 Medicine 也很適合。

我跟趙起蛟老師寫書法，他沒有教過我，我也不是讀生物的，但我是去他家其中一個最多的學生，因為我跟他寫書法。所以每一個老師給到我們最好的和最特別的。我不會形容它好似一間學校，其實是一個 community，你可以得到好多不同的 inspiration，不只是成績好，即是 a lot more beyond 課程，許多是生命上我可以看到的。（1998 屆）

服務社會與人同行

九華教育的其中一個特點在於：開放的思想和互尊互助的精神，在校園中營造了良好的氛圍。因此，學生學會了包容、理解以及無私地服務他人。（1960 年代）

60、70 年代校友對服務社會和回饋母校的心特別熾熱，雖然畢業多年，在 Fr. Deignan 的啟發之下，聯絡各屆校友成立華仁一家基金會，支持他倡議的小班教學，起動 Dream for Wah Yan Campaign，以個人數百萬以至上千萬港元捐贈給母校，更全力支持學校和舊生會的各項發展，更得到港大 Ricci Hall 舊生的支持，吸納社會各界的資源和扶助，與社會人士同行，從 2004 年成立至今籌得近一億八千萬元。（1960 及 1970 年代）

一位同學認為，華仁的價值觀幫助他們認識到自己的優點和不足，既不輕視自己，也不驕傲自滿，而是學會欣賞他人，以致他們在步入社會工作時，能夠恰當地自我定位，懂得與人相處，並真誠地讚賞他人。（1970 年代）

Fr. Reid 每個星期有日週會都給我們講話，其中最深刻的是，我們的 task 應該 To make the works of others easier and not harder。

我們自己去學習，anything they want to teach 都是關於人的 value，你對自己要責任，之後你就會尊重人，就會幫助社會，men for others。不過，我們那時尚未提出這個 men for others 口號。（1979 屆）

自從參加兒童會以來，有同學就愛上當義工。助人為樂，使他在睡覺時感到心安理得。這種高質量的睡眠質素讓他感到自豪，因為他確實幫助了很多人。（1981 屆）

畢生受用，做人的道理。九華有一句 motto 講得好好，Men for and with others，由 Fr. Naylor 開始啟蒙我們去做義工，我已經愛上義工。如果你幫到人的話呢，返家睡覺也睡得好。（1981 屆）

江之鈞老師開演唱會，為學校籌款

很多校友非常感恩，透過不同方法回饋母校，例如：直接捐贈、成立基金會、提供專業意見、回校擔任義務導師或向師弟分享職場經驗。（1984 屆）

一位校友在學校足球隊的歲月裏，深深感受到團結合作的力量。他們互相鼓勵、相互扶持，最終在多次比賽中取得優異的成績。這些寶貴的經歷，使他們在日後的職場中，更能夠融入團隊，貢獻自己的力量。（1991 屆）

一位校友秉持「為他人服務」Men for others 的精神，面對警務工作時會全面考慮問題，包括市民的觀點、上級和同事的思考角度、不同的方案；然後權衡各方的利益，再去思考該怎麼處理具體事務。若沒有九華當年的教導，我可能會多次碰壁。（1999 屆）

有一天，蘇校長在台上向新入學的同學說：「我們校舍很大，環境很好；有好東西，應該同其他人一起分享，所以開放給街坊進來做運動。」整個學校的氛圍，令同學深刻體會到與人分享很重要，不可以只顧自己，忽略其他人。如今，有同學也將這一理念教導兒子，希望他可以推己及人。（2002 屆）

學校教導同學 Be men for and with others（為他人服務、與人同行）。有同學無論在念大學，還是步入社會工作期間，時刻都謹記這句話。（2003 屆）

學校秉持 Be considerate、Be men for and with others 的精神，讓同學在做任何事情時，都會考慮自己的行為會否影響到他人；他們會主動幫助有需要的同學或同事，為團體貢獻自己的力量。（2000 屆、2004 屆）

九華灌輸追求卓越的精神，激勵了一位校友在醫學的路上不懈探索、積極進取。無論是在學術研究還是在社區服務領域，

他都致力保持這種優秀的精神，並且不求回報，只要是有意義的事，他便全力投入。（2019 屆）

上述像流水帳如實地記錄下不同年代的校友感恩耶穌會教育在九華的培育。筆者壓軸地補充一句：八年的依納爵教育的洗禮塑造了筆者六十年的成長，是一種整體的培育，體現了整體關懷的經驗，展示出圓融教育 Integral Education 的成果。

「一日為師，終身為父。」這句中國名言實際是學生在成長階段親炙師道之恩，雖然天地分離，時空隔別，成長漫漫長路，育才教誨啟迪，卻未因時光沖洗而抹掉。百年樹人，但樹欲靜而風不息，子欲養而親不在，年長的校友對逝去的神父和教師只能以默禱靜思懷念師情，更以能盡之心力支持學校，回報育苗之恩。百載蒙恩，耶穌會與九龍華仁書院在無數學子生命留下的恩賜永不磨滅。傳承之道，定會愈顯主榮，更上一層樓。

七十年代畢業校友與老師重聚

蒙恩百載冀傳承

從 1952 年至今，在七十二年多的歲月中，九華的師生、家長和社會人士攜手共行，創造了今天的九華教育的格局和視野。耶穌會中華省省會長董澤龍神父在百年慶祝晚宴提醒大家，一般的教育目標及理念都是大同小異的：作育英才，因材施教，造就人智仁勇的三達德，或活出教會智義勇節的四樞德。在眾多相似中，耶穌會教育是有一特別的格局及視野，就是在潛移默化中，去肯定了生命的美好及每個人真實的價值，The world is a friendly universe。格局就是創造一種氛圍，令其他人樂意跟自己來往。

上文撰寫成的回憶錄包括四節：校園演變說當年、教師植苗獻心力、幼苗成長展生機、懷舊自省謝師恩。這四個部分的內容，實際是緊緊地扣在一起，校友先回顧校園硬件的感覺，在這些方面他們的記憶並不太多，主要的印象是校園寬敞，給他們響廣闊的空間。一位 1971 屆校友描寫得非常精彩：首先是校園有很大的空間，他喜歡坐在草地上，或在樹底讀書，更有味道，這是大自然的環境空間。其次是老師尤其是神父給他學習很闊的自由空間。第三他可以參加不同類別的活動和學會，有很多很大的活動自由。他們回憶的其中一個焦點就是運動場，包括草地和沙地的運動場。

至於課程設計中和學習環境與文化，50 年代至 70 年代的校友特別提到的是課程的彈性和自由度。學校可以因為一位學生的個人家庭變化，在短時間之內設立一個新的課程，創造一個特別的新環境，使這個學生找到他生命發展機會。校園的整體文化環境是寬鬆的而情理兼備的。

一位 2000 年畢業的校友的心境，反映出當時學生的心理狀態。他描寫自己在九華學到了「呼吸」。這裏的呼吸有多層含意，包括呼吸到不同領域的知識，呼吸到自由的空間，和同學之間的信任與關係的空間。許多知識都是在課堂以外學到的。他又看到自由的可能性：多年來老師從未給學生不必要的課業負擔。最後是同學之間緊密的關係，從小息、午餐到放學的遊玩是他中學最難忘的時光。即使畢業之後的大家在不同的職業崗位上發展，以及成家立業，他們仍然通過電話或短訊聯繫，無論身在何地都能重新連結。

另一位 2004 年畢業的校友感嘆最深刻的經驗實在太多了，「基本上每一個學年都可以找出一件事出來說」。

這種對校園文化的感覺，反映出這所學校的物理空間內充滿着一種強烈的人文氣氛，一種人與人之間的關係，一種整體的關懷，在課堂的學習和課堂以外的課外活動，自然而然地顯示出一種充滿自由氛圍和溫馨的人際關係。這就是耶穌會中華省省會長提到的「格局」。

由這種描述引伸到第二節有關校友對老師溫馨的回憶。雖然參與訪談的同學每一個年代都有校友參加，但始終他們的描述並不是傳記式或文獻式的記錄。他們是從經驗和記憶中重新描寫老師在他們心中所留下的印象。由於篇幅所限，他們的描述也不能一一地刊登出來。不過，第一節的校園整體的描述和校園文化特徵的點題，結合第二節校友對老師的追憶，都能在第三節校友回憶他們當年生活的點滴、學習的經驗和多姿多彩的課外活動反映出來。這三節結合起來的，便是一幅過去 80 多年來學生生活背景、學習方式和課外活動的立體圖像。

他們的生活因為時代社會經濟的環境轉變有變化，而他們的學習經驗充分反映出當時的老師，尤其是神父都自己的個性，他們結合身教和言教，能完全與學生有一種共融圓通的交流和互動。學生所描寫的自由空間，實際是他們學習時能夠充分掌握自己學習的興趣方式和規律，培養自律、自主的學習，而在課外活動上他們在一個安全的環境之下，學校給他們充分發揮的機會。他們學習了紀律、組織合作的精神和負責任的態度，在不同的活動中訓練自己，給自己各種的挑戰，培養面對困難和失敗仍然繼續努力的精神。他們在校園感覺到的自由空間，並非一種放任的校園生活，完全是一種自發的、自主的發展經驗。

這些校友在今次的訪談之中，實際經歷了一次集體的依納爵意識省察：像上世紀著名耶穌會神學家 Lonergan 提倡的「動態認知結構」(Dynamic Structure of Knowing)，包括 experience 經驗、understanding 理解、judgment 判斷 and decision 抉擇的活動，作為耶穌會靈修練的一種方法。他們重溫自己的經驗，從經驗中檢視在他們心中最觸動的感覺和印象，從而在這些印象和經驗之中反省自己過去成長的經驗和過程，到最後總結出當年學習的經驗對他們日後的成長的影響。他們這種集體的意識省察是一個內在反省的學習過程 (Internal Reflective Learning)，是他們對自成長經驗的一種檢視和肯定；與此同時，也具體地提供九華教育的實質經驗，不是抽象概念的複述，也不是口號美化的自我肯定，而是對反思學校的教育以至耶穌會教育的本質的具體材料和見證。四百多位校友自發地表達的由衷之言，不記名地分享心底的真情，實際上有非常重要的啟示。他們的集體反思正好回答了以下兩個重要的問題：究竟九華教育的特質在哪裏？過去百年尤其近八十多年所開創的新格局，有些甚麼特色可以看到跟耶穌會教育精神的具體實現？

我們首先看看五十週年耶穌會總會長 Fr. Pedro Arrupe 寫給當時九華校長 Fr. Reid 的祝賀函件中，提到他對九華以至每一所耶穌會學校的期望：[1]

CURIA PRÆPOSITI GENERALIS
SOCIETATIS IESU
ROMA - Borgo S. Spirito, 5

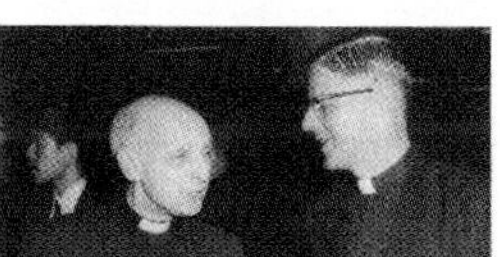

Fr General and Fr Reid

July 25, 1974

Rev. Derek Reid, S.J.
Principal
Wah Yan College
Kowloon
Hong Kong

Dear Father Reid,

It was a joyful surprise for me to learn only a few days ago that Wah Yan College, Kowloon, is this year celebrating its Golden Jubilee. I hasten to send cordial greetings and sincere congratulations to you and to all who have been associated with the success of your College during its first fifty years.

I am happy and proud to join you in thanking Almighty God for the remarkable blessings given to the College over the years. At the same time, I unite myself with you in your resolve to face the coming years with even greater initiative, imagination and courage.

Life is now more complicated than it was when Wah Yan College was founded. The advancement of technology demands deeper and more varied specialization. The increase in numbers of those receiving education gives rise to a proportional increase of competition. The problems arising from urbanization and over-population engender a drive towards emigration, which in turn pressurizes governments to tighter immigration policies. A society becoming progressively permissive creates serious problems of discipline for school authorities; a society becoming progressively open and broadminded tends to breed more questions and uncertainties.

It would be a pity if all these complexities blinded us to some of the absolutely fundamental issues at stake in the formation of young people. Hence, I would not like this occasion to pass without re-formulating just three goals which, in my opinion, must always be integral elements of a Jesuit-run school.

1 Wah Yan College Kowloon 50th Anniversary (1924-1974).

1. 在我們的優先事項中，我們把我們基督徒從福音書中學到的人性善良放在首位，其中完美的典範是耶穌基督。我們認為這比學術上的成功更有價值。換句話說，耶穌會學校的主要目的是與年輕人分享基督教對人性善良的願景，並支援他們在回應這一願景時發展自己的所有才能。

2. 華仁辦成一個有企業誠信的機構，是許多人願意合作的例子，從而謙卑地對香港的其他學校和機構產生激勵作用。

3. 鼓勵我們的學生自己成為變革的推動者。我們應該敢於要求我們的學生學習與他們社會相關的東西，我們應該創造性地觸及他們的心，激發起他們「學習如何去學習」的願望；我們機敏地勇敢地引導他們理解社會的真正需求，並認識到他們有責任在上一代人的利益基礎上再接再厲，同時與那些阻礙人類真正進步的個人和社會弊病作鬥爭。

總會長 Fr. Arrupe 的期望可以說已經在上述校友的成長經歷中實現出來。他們帶出人性的善良、自主學習和終身學習的精神和經驗。他們亦很清楚確定成己成人、立己助人、與人同行的價值。

我們看中華省耶穌會教育的特徵，[2] 重要的是：

第 1 條：肯定世界的耶穌會的教育肯定世界基本的善。在學習天下萬物時，它設法激起一種驚歎感和神秘感。

第 2 條：耶穌會的教育幫助人類團體內的每一分子充分發展所有天主賦與的才能。

第 4 條：耶穌會的教育也關注到學生在人類團體中，如何利用他們所受的培育服務他人。

第 5 條：耶穌會的教育鼓勵與其他文化，包括各種科學，的

2 見 https://www.amdgchinese.org/?page_id=41569

接觸，和對它們真實的賞識，好使學生能對每一種文化的貢獻和缺點作創作性的批判。

第 6 條：對每一個體的照顧和關切課程集中於人多於應授的教材。透過師生之間的個人關係，促成負責任地運用自由的成長。

第 7 條：學生們在學習過程中的活動：教師的任務是幫助每個學生成為一個願意為自己的教育承擔責任的獨立的學習者。透過積極的參與，鼓勵個人學習及反思，並提供機會讓他們發掘及創新。

第 8 條：畢生向成長的開放性：耶穌會的教育要設法灌輸學習中的快樂，和終生學習的意願。

第 9 條：價值導向的耶穌會的教育包括對價值、對態度、並對評估判斷標準能力的培育。每一個學生都應有自律：這種自律可表現於理性的嚴謹、貫徹認真的學習、及尊重人性尊嚴的操守。在一所耶穌會學校裏，學生可透過有系統地審視相互抗衡的觀點以制定一套價值體系。

第 10 條：對自我的實際認知、喜愛和接納：它鼓勵學生們，透過檢視個人的偏見及評估相對的善和不同的價值，辨別及消除成長的障礙。教師和行政人員們要幫助學生反省個人的經驗，讓他們明認自己的天賦，也接受自己的不足，並盡可能予以突破。

第 17 條：為他人服務：耶穌會的教育幫助學生瞭解靠天主的助佑，並為全人類的好處，他們應發展天賦的才能。為了促進對他人的關顧，耶穌會的教育強調集體價值。教師要在他們的生活中，表達對他人的關懷，和對人性尊嚴的尊重。

第 18 條：對窮人特別的關切。

第 19 條：為教會服務的使徒工具：耶穌會的學校鼓勵與所有善意人士合作與對話，無分宗教與信仰。基督徒是福音的見證，為人類社會服務。

第 21 條：在培育上要傑出：耶穌會的教育旨在人的每一個幅度都得到最高限度的發展，終身持續這發展的意願，及善用天賦才能以服務他人的動機。它並非要準備一批社經精英，而是要培育服務的領袖。

上文四章透過這些校友的經歷和他們的反思，充分證明了近 80 年九華老師（包括神父和教師）學生以至其他社會人士的努力和無私的奉獻，九華教育真正實現了耶穌會教育給予他們的歷史使命。

此外，我們再宏觀地參考耶穌會教育的範式。根據國際耶穌會教育中心 1993 年介紹的「依納爵教育方法」（Ignatian Educational Approach），是一種尋求培養有能力、良知和同情心的男人和女人的模式。與指導他人進行靈性練習的過程類似，教師陪伴學生進行智力、精神和情感發展。他們通過遵循依納爵的教學範式來做到這一點。通過考慮學生的生活背景，教師創造了一個環境，讓學生回憶他們過去的經歷，並從新提供的經歷中吸收資訊。教師幫助學生學習反思的技能和技巧，從而塑造他們的意識，然後他們挑戰學生採取行動為他人服務。評估過程包括學術掌握情況以及對學生全面成長的持續性評估。換言之，依納爵教育法包括五項教育原則或階段：情境（context）——瞭解學生生活和文化；體驗（experience）—— 提供智力和情感學習機會；反思（reflection）—— 對自我和他人的意義；行動（action）—— 所學內容的外部表達；評估（evaluation）—— 學生成長的經驗。這五項教育原則既是一個學習歷程，亦是五個原則不斷互動的經歷。

退休校長鍾衞良在 2021 年介紹他在啟用新 STEM Lab 推動設計思維時也提到在學校跟隨依納爵教育模式發展，每天作意識省察為鼓勵學生有持續反思的習慣，學校更安排學生在每天下午，進行十分鐘的意識省察。讓學生能夠靜下來，透過思緒的沉澱，尋找自己當刻的感受。「是開心？還是緊張？這是掌握自我意識的機會。」這短短的十分鐘，學生可回想起當日遇到的好人好事，從而學懂感恩。不過，這過程更重要是學生能認真反思，成為學習的推動力。「除了反思自己學習或做到了甚麼，也要問自己，如何可以學習或做得更好？」

過去 80 多年九華的老師和行政人員，尤其在開始的 2 、 30 年之間，他們盡心盡力在草創的階段發揮耶穌會的教育精神，付出他們生命的光彩，塑造成一個堅固而又生命力的基礎，這就是耶穌會中華省省會長董澤龍神父所講的「格局」。到了上世紀末和本世紀初，校園的文化已經像一位校友所講的校園「社會結構」，發展得越來越豐富。這裏我們感謝上主的恩賜，通過過去七十多年每位曾經在校園服務過的參與過的老師包括行政人員和員工默默地耕耘，為這個校園的格局、文化特徵、多元化的空間（學習空間、活動空間、情感空間和靈性空間）提供一個蒙恩百載、樹人同行的格局。在這個豐富校園文化格局，學生有機會培育他們內心的力量和自主的能力。當內心尋找和感受到學習空間、活動空間、情感空間和靈性空間，讓這些內心的觸動自然而然地融合在一起。一種圓滿、融洽和全面的成長歷程便會自然地顯露出來，讓所有的師生和家人都能可以體驗到這種圓融的教育。

九龍華仁書院的教育實踐更帶出耶穌會教育精神另一個時代的意義。上世紀著名哲學家 Whitehead 開創影響深遠的過程哲學。Whitehead 是 Bertrand Russell（羅素）的老師，他們兩人在 1910-1913 年合著 *Principia Mathematica*（*The Principles of*

Mathematics，《數學原理》)。Whitehead 在 1929 年出版 *Aims of Education*（《教育的目的》）對當代教育哲學有重大的影響。本書是他在哈佛大學和劍橋大學的講座。他在《前言》開宗名義斷然反對灌輸生硬的知識。他提出教育三段論：浪漫階段、精確階段、綜合運用階段。在第三章「自由和訓練的節奏」，他指出在任何階段的教育中，都不能沒有自由，亦不能沒有紀律。Whitehead 一再強調，教育的開始階段（浪漫階段）和結束階段（綜合運用階段）主要特徵是自由，而中間階段（精確階段）卻是由紀律佔主導地位。

上文介紹九龍華仁書院華的教育經驗，學生能全面認識到自由與自律的緊密關係，實際落實了耶穌會教育的幾個核心的要求，也展示了耶穌會教育五個原則或階段（情境、體驗、反思、行動和評估）。九華學生在過去七十多年不斷在不同的時代情境，在學校塑造獨特的教育格局中，自由自發自主地體驗這個校園文化和個人成長的奮鬥，其間夾雜着反思、行動和評估的學習，各自得到不同的成長的經驗，但到終於體會到自由與紀律實際是相輔相的，兩者在反思、行動和評估的歷程中融合成自律的精神。Whitehead 的三階段的教育模式在耶穌會教育的理論和實踐中得到更全面而具體的實證。因此，九龍華仁書院的教育實踐可以證明耶穌會教育精神具有一個明顯的時代意義。

蒙恩百載，立己助人，同行共議。在窩打老道校園之內，七十多年來見證了無數教育工作者和學子的攜手同行，培育出一批批積極、正面而樂於助人、貢獻社會的人。這所學校仍然保存着上世紀 50 年代新校舍成立時的樸實氛圍，忠於耶穌會教育立己成人、與人同行的精神，未來百年傳承的格局實際已經平然地展開。深信未來的百年會更能展示出耶穌會「更好」*Magis* 的理想。

第三章

前任校長篇

前任校長

徐仁壽校長 Tsui Yan-Sau, Peter (1889-1981)

華仁書院創辦人
校長（任期：1924-1925）

1900 年，一個年僅十歲的客家男孩 —— 徐仁壽，踏上從長樂縣（後改稱五華）前往香港的漫漫長路。他隨兄長跋涉，沿途涉水而行，甚至需將唯一的一條西褲頂在頭上，以免弄污。他的目標，是尋找早已在港島西鋼線灣村的父親。然而，當他抵港，才發現父親已另組新家，無力再顧及這位幼子。

這個聰慧勤奮的孩子，在海灘上偶遇一羣度假的喇沙會修士。修士們見他聰敏可教，便接納他入讀英文聖若瑟書院，學費由聖雲仙會濟貧金資助，並安排他入住葡籍天主教代父在港島半山之家，以便前往就近羅便臣道上學。

徐仁壽畢業後曾回老鄉執教，後又回母校聖若瑟任老師，並考取教師資格，憑藉一腔熱血，1919 年毅然自資創辦香港華仁英文學校（後改稱華仁書院）。最初僅有四名學生，卻迅速發展至數百人，成為香港華人創辦中英文並重學校的先驅。

1921 年，學校幸獲租用羅便臣道聖若瑟書院舊址課室樓，並加以擴建。隨着華僑與本地家長對正統雙語教育的渴求日增，華仁書院得以迅速崛起。但徐仁壽亦深知，辦學之道不僅在於硬件擴充，更須網羅良師。因此，他以優厚薪酬延攬優秀教師。

這所在 1924 年成立的九龍華仁書院，不僅延續了港華的教育使命，更在後來在 1928 年發展成另一間政府補助學府，為香港教育史寫下另一璀璨篇章。

其實徐仁壽早已深諳教育非營利之道，教師薪資逐年上調，而學費卻難以匹配。他曾請求教區接管港華，未果，遂於 1922 年成功爭取政府補助港華。然而，這筆補助款需在年終按上一年收生人數發放，學校財務依然捉襟見肘，他決心涉足其他商業，以支撐辦學經費。於是開始尋覓一個合夥人去經營學校及發展週邊生意。1922 年他找到林海瀾加盟為老師。

1924 年期間，港華成為政府資助學校後，徐取回當初的創校投資，在九龍另創一所私立華仁書院（即九華）。1926 年他與林海瀾成為拍檔。林出任港華校長，衞仲虞為九華校長，徐仁壽為兩校校監。1927 並投資購地，於奶路臣街給九華興建校舍。

當時徐林誤將九華視作港華的分校，連教署官員亦一度含糊，事實上，港華已為政府資助學校，據 1914 年 Grant Code 法規，補助學校並不能有私立分校。徐仁壽實在是創立了兩所華仁書院，各自獨立，各自輝煌。1928 年，九華遷入乃路臣街新校舍後，也成為另一所政府資助學校，更獲得政府建築費補助。為教育事業奠定了又一深厚基石。

1929 年，兩華營運既已穩定，徐仁壽遠赴北婆羅洲與林海瀾合資開墾橡膠園，希望藉此獲利以資助教育事業。然而，命運弄人，他們在香港發展的船塢與船務業卻遭遇重大挫折，損失引致財務負擔，最終 1932 年徐林拆夥。

港華遂轉交被主教邀請來港辦華人教育的愛爾蘭耶穌會接手，耶穌會未能同時接辦兩間中學，九華便由林氏獨自經營及當校長。奶路臣街校舍轉讓給徐氏，之後還在校址旁購地擴建教師辦公室與學生宿舍。

「十年樹木，百年樹人。」徐仁壽從創辦港九兩華仁書院到開墾橡膠園，雖然橡膠園已不復存在，但兩所華仁書院卻在時光流轉間，屹立百年，桃李滿門，薪火相傳。這可說是聖經所載的"五餅二魚"神蹟——一位曾經赤足渡河、負笈求學的貧家少年，憑藉人間有情，個人堅毅與信仰，為無數後來者點燃智慧的燈火，使知識的薪傳，恆久不息。

（徐佩乾供稿，原文略作刪減）

林海瀾校長 Lim Hoy Lan, Andrew (1897-1967)

校長（任期：1933-1952）

林海瀾祖籍興寧，在印尼成長，在星加坡接受教育，他最初是馬來亞怡保市聖米高學院（St. Michael's College）的教員。二十世紀初期，香港急需精通英語的優秀教師。聖若瑟書院的香港喇沙兄弟會，在馬來亞檳榔嶼區會監詹姆士修士的協助下，招募了在馬來亞、新加坡和菲律賓兄弟會接受過培訓的優秀教師，鼓勵他們離開祖國，尋找新的土地和牧場，香港便是他們可以投身前往的地方。[1]

---

1 *The Gateway Hong Kong Lasallian Family Bulletin, April 2014, Fifty Second Issue.*

1921 年，[2] 林海瀾應邀來到香港聖約瑟學院（SJC）任教，並在那裏結識了徐仁壽。不久，他接受徐仁壽的邀請，加入了徐仁壽新成立的華仁書院團隊。

1924 年，徐仁壽和林海瀾注意到，當時學校的學生很多來自九龍和新界，為了方便他們，他們決定在九龍最繁華的油麻地區設立分校。因此，華仁書院九龍分校在砵蘭街成立。

1925 年底，徐仁壽辭去九華校長職務，讓林海瀾從 1926 年元旦起擔任香港華仁書院校長和兩華校董。

1928 年，奶路臣街的九龍華仁新校舍完成啟用，林海瀾把新校的校長職務交由周清霖擔任。1929 年，林海瀾和徐仁壽合作的商業投資失敗，導致他們背負巨額債務。為了解決危機和堅持教育信仰，他們於 1932 年夏天與耶穌會達成了一項協議，轉讓香港華仁書院的辦學權。林海瀾辭去港華校長一職，在 1932 年 9 月 1 日，轉往九龍華仁。1933 年 1 月 1 日，重新擔任九華校長。

據說在 1934 至 36 年間，儘管世界經濟正在復甦，香港經濟卻依舊低迷，林海瀾常要向外借錢發薪，應對危機。

1940 年，林海瀾邀請耶穌會在九龍開辦另一所高中，接收九龍華仁書院的學生。學校在尖沙咀柯士甸道 103 號，可惜這所「華仁書院（九龍）高級分校」僅開課三個月，便因香港淪陷而停頓。

在日佔時期，林海瀾沒有離開香港，他把九華的學校日誌、支票簿、賬簿及保險箱內現金帶走，1942 年 5 月成功接辦九龍塘學校，把九華的的 250 張椅子及 125 張書桌「借予」九龍塘學校，以減少因日軍接管九華之損失，等待香港重光。

2　林海瀾來香港，有多種不同年份的説法，這是根據《華僑日報》1957 年 6 月 26 日訪問林海瀾時，他向記者所述。

1945 年 9 月和平後，香港的社會秩序稍為穩定，九龍華仁書院於 10 月 1 日復課。林海瀾在 1946 年 4 月 25 日將九華正式移交耶穌會接管，他仍擔任校長一職至 1952 年夏季，直到窩打老道新校舍落成才離任。

林海瀾對學校管理和紀律執行非常嚴格，故有 Tiger Lim（林老虎）的綽號、雖然他外表威嚴，但對學生卻是體貼、和藹的。很多家長都說他們希望自己的兒子能從林海瀾的學校中受益；認為「受過老虎訓練」就是「受過頂尖訓練」。

林海瀾離開九龍華仁書院時，續租奶路臣街的九龍華仁舊校址，並將其改名為「德仁書院」，繼續為香港教育作出貢獻。（該學校在 1976 年遷至九龍美孚新邨，直至 2006 年 8 月 31 日停辦。）

衛仲虞 Wai Chung Yue（1886-1974）

校長（任期：1926-1928）

首批協助徐仁壽創立華仁書院創校的教師之一。1924 年華仁書院在九龍開設分校，為主任教員。1926 年獲委任為分校校長。1928 年，九龍分校取得補助學校資格，因法律規定需要有大學學位資歷，衛仲虞轉職為老師。

周清霖 Chow Cheng Lam

校長（任期：1928-1932）

1928 年加入九華，當年九龍華仁書院取得政府補助資格，他接替衛仲虞為分校校長直至 1932 年，轉由林海瀾接任。戰後重返九龍華仁書院教學，外號「肥佬周」是校友記憶中第二位資歷最老的教師。大家想起這位 5、60 年代的老師是很有風度的，說話温文有禮，非常穩重。

Rev. Fr. Patrick Toner, S.J.
陶德萬神父 (1910-1983)

校長（任期：1952-1957）

Fr. Toner 於 1910 年 9 月 3 日出生於貝爾法斯特。他的家人被 20 世紀 20 年代初的「大屠殺」趕出貝爾法斯特，在愛爾蘭定居，但在許多方面，他堅持貝爾法斯特人的特質，對自己採取的任何意見或行動都堅定不移。

1930 年，他中斷了大學學業，進入愛爾蘭耶穌會修士學校。他的密友們常說，他來到見習所時略帶貝爾法斯特口音，但隨着歲月的流逝，這種口音變得越來越濃 —— 更加頑強！

1937 年，他以耶穌會學者來到香港。除了學習規定的語言和教學外，他還為 1938 年下半年廣州淪陷後湧入香港的難民做了大量工作，甚至在飽受戰亂之苦的廣州度過了一段短暫的時光。

1940 年，他前往澳大利亞研究神學，並於 1943 年在那裏晉鐸。完成神學研究後，他回到愛爾蘭，接受耶穌會最後一年的培訓，並探望他深愛的家人。1946 年，他回到香港，在九龍奶路臣街林海瀾擔任校長的華仁分校任教。

1952 年，學校遷至窩打老道的新校舍，華仁書院九龍分校去掉了「分校」的稱謂，成為九龍華仁書院。陶德萬神父擔任校長，領導學校搬遷、擴建和建立新傳統。

1964 年，校長任期完結後，他轉到香港華仁書院任教至 1976 年，還在夜校和貧童會主理過一段時間。

1976 年，Fr. Toner 前往愛爾蘭。他抵達後不久，健康開始惡化。他的智力和樂觀的精神絲毫未損，但他的體力卻因動脈硬化而逐漸衰退。

在教育、行政和牧靈工作的生涯中，Fr. Toner 學會了如何應對生活中的各種問題，但這並沒有改變他的性格。

1983 年 1 月 20 日 Fr. Toner 中風，次日清晨去世。

Fr. Toner 追思彌撒，當年 2 月 4 日晚上於九龍華仁書院聖依納爵小堂舉行。

Rev. Fr. Herbert Dargan, S.J.
梁德根神父 (1918-1993)

校長（任期：1957-1960）

1918 年 4 月 20 日，Fr. Herbert Dargan 出生於愛爾蘭都柏林市聖斯蒂芬綠地（St. Stephen's Green）一位著名醫生的家庭。在基爾代爾（Clongowes）接受教育後，1937 年加入耶穌會。他的哥哥比爾和弟弟都是耶穌會士，還有一位弟兄是香港的裁判官。

1951 年，他在愛爾蘭都柏林米爾敦鎮（Milltown Park）晉鐸。獲派往香港。在長洲學習中文。

1956 年，在香港大學利瑪竇宿舍（Ricci Hall）工作。

1957-1960 年，Fr. Dargan 出任九龍華仁書院校長期間，着手興建聖依納爵堂。1959 年聖堂竣工，11 月 16 日，Bishop Lorenzo Bianchi（白英奇主教）在眾多耶穌會士的陪同下，舉行了隆重的新堂奉獻禮。

1960 年，Fr. Dargan 獲任命為愛爾蘭省香港傳教區會長（1960-1965 年）。

1965 年，Fr. Dargan 擔任羅馬耶穌會總會長助理，在接下來的 11 年裏，他在那裏工作，負責東亞和澳大利亞的耶穌會省份。

1976-1977 年在加拿大多倫多圖拉貝休假。

1977-1986 年任耶穌會卒試培育（Tertian）導師及 1983-1986 年任院長。

1986-1987 年在愛爾蘭都柏林磨坊鎮耶穌會神哲學院靈修。

兼任都柏林亡萊撒（Manresa）靈修中心導師和國家靈修研究所所長。

1989-1993 年在貝爾法斯特主持聖依納爵神操（Spiritual Exercises）。

1993 年 6 月 22 日在愛爾蘭櫻桃菲爾德小屋（Cherryfield Lodge）耶穌會會院逝世。

Rev. Fr. Farren, Anthony S.J.
范育倫神父（1923-2016）

校長（任期：1960-1966）

Rev. Fr. Anthony Farren（范育倫神父）1923 年 9 月 4 日在愛爾蘭出生，1942 年 9 月加入耶穌會。1950 年他從愛爾蘭出發，經過六星期船程，抵達香港。然後，Fr. Farren 跟隨來自廣州的中文老師學習中文，以期對中國文化有更深的認識。1952 年，他在香港華仁書院首次執教鞭。其後返回愛爾蘭，用了五年時間修讀神學。

1958，他正式成為神父，返回香港，並加入九龍華仁書院，任教中五班級。1960 年，Fr. Farren 擔任九龍華仁書院的耶穌會修院院長；同時兼任九龍華仁書院校長，肩負管理學校行政的工作。

1966 年，他卸任耶穌會修院院長和九龍華仁書院校長職務，轉往香港華仁書院授課。他在香港華仁共度過了十二個年頭，期間亦曾擔任一些行政工作。1978 年，Fr. Farren 回到九龍華仁書院，教育學生之餘亦兼顧輔導學生的工作。1968 年起，他任職九龍華仁書院校監，直至 1998 年退休為止。

他退休後亦曾繼續義務教導學生，然後返回家鄉愛爾蘭，過着平靜的退休生活。退休之後，他在愛爾蘭繼續為教會做事，閒時亦探望老弱人士，並教導當地的中小學生。當地生活節奏井然，神父每天散步一個小時，走在寬闊的街道上，心曠神怡，閒時亦會與其他神父一同踏自行車。

他回想昔日教會選擇在香港辦學，也是天主的恩賜，他表示，試想像如果教會當初不選擇在香港辦學，香港的發展便是未知之數了。因此，他勉勵大家要珍惜現在所擁有的一切、珍惜眼前人。

他數十年來努力服務天主，視華仁為家。這份感情，顯出 Fr. Farren 無私的精神，為華仁服務而不問回報的理由。劉漢銓校友常言：「神父以華仁為家，以學生為家人，一生以教好華仁學生為目標。」這便是我們在神父身上體會到的高尚情操。

他對華仁精神有他自己的看法：「華仁精神讓我們學曉貫徹正確的信念，日後華仁發展下去，此種精神必不可少。」

2015 年 12 月 26 日他在愛爾蘭都柏林逝世。

2016 年 1 月 13 晚，他的追思彌撒在聖依納爵小堂舉行。

（全文引自《五十六號的星光》，曹兆康撰）

Rev. Fr. Reid, S.J.
黎烈德神父（1927-1992）

校長（任期：1966-1978）

Fr. Reid 於 1927 年 3 月 1 日在愛爾蘭都柏林出生。1944 年進入修會。1952 年他初次踏足香港。留港初期，他主動學習廣東話，熟習香港生活環境。1955 年，他返回愛爾蘭準備接受聖職，並於三年後正式成為神父。1960 年，他重臨香江，並於香港華仁書院從事教學工作。1966 年，他接替 Fr. Anthony Farren 擔任九龍華仁書院校長，展開其十二年的校長生涯。

Fr. Reid 外表嚴肅，但他其實崇尚自由，大力提倡多元化及民主之教育風氣，且從來不會以嚴刑峻法去管理學校。他在任校長期間，中國內地正值文化大革命，當時香港人都害怕公開表達自己的意見。儘管有很多人反對，他卻極力支持並鼓勵學生成立學生會，還公開表達他的意見。在他大力推動下，本校學生會終在1966年成立，可說是學界中最早期成立和最具學生自主性的學生會之一。在他的任內，一羣關心母校的校友亦成立了舊生會。此外，他積極推動各類型課外活動，並鼓勵同學們踴躍參與。他本身亦非常喜愛運動，他是一個優秀的足球員，亦非常鍾愛網球。

除了為九龍華仁書院的學習環境注入新元素，在他在任期間，九龍華仁書院籌劃興建東翼。九龍華仁書院東翼的完成給予「華仁仔」及學校員工更多的空間，也帶來更舒適且設備更充足的學習及工作環境，正好貫徹了他的教學理念。在處理行政工作方面，他以精明幹練見稱，獲他的多年同事兼好友江之鈞老師稱為「完美的管理人」(a perfect administrator)。在擔任校長期間，他每年至少會單獨會見每位教員一次，詢問他們喜歡任教的班別。雖然他並不一定能完全滿足教員的所有要求，但這種由他所開創的民主開放諮詢過程卻為所有教師稱頌。在處理學生關係方面， Fr. Reid 雖然不喜歡在公開場合和學生談笑，而他嚴肅的面孔亦會給予別人不關心學生的錯覺，但事實上，他一直在旁細心觀察，對學生的情況瞭如指掌，對學生的心智成長更是勞心勞力。他於1978年卸任校長職位。其後，他亦曾擔任香港華仁書院校長一職。

1992年11月29日，Fr. Reid 不幸與世長辭，辭世前數天他仍出席九龍華仁書院的畢業典禮。然而，他的一舉手一投足、他的領袖風範、給予華仁的貢獻、給予人們的回憶，仍然深深印在每一位華仁師生的腦海裏。

在他的領導下，九龍華仁書院在各方面都打下了堅實的基礎，他可說是本校一位非常重要的恩人。他對華仁的奉獻使他成為一位受尊敬及令人欽佩的耶穌會神父。

（全文引自《五十六號的星光》，方棋、林君略、周致聰等撰）

Rev. Fr. Deignan, Alfred Joseph S.J. 狄恆神父 (1927-2018)

校長（任期：1978-1992）

Fr. Deignan，1927 年 3 月 25 日出生於愛爾蘭卡文郡（Cavan），1945 年加入耶穌會。1950 年畢業於都柏林大學歷史系。1953 年，獲派遣至香港服務。抵達香港後在長洲耶穌會沙勿略院學習中文和廣東話，在長洲聖心小學擔任聖經科教員，用廣東話教學。

1959 年，他在愛爾蘭都柏林晉鐸，並繼續深造。1961 年，他與另外兩位神父一同返回香港。1962 年，他成為香港華仁書院的校務主任。在香港華仁書院任教八年，歷任副校長與校長。1968 年至 1970 年擔任香港華仁書院校長，1970 年至 1978 年任香港大學利瑪竇宿舍舍監。

1978 年至 1992 年起任九龍華仁書院校長十四年。

Fr. Deignan 服務香港超過五十載，致力於教育、學術和倫理等領域的工作。他聯合宗教團體領袖及學校校長，推動政府加強德育發展，並促成了 1981 年《學校德育指引》的發佈。

他長時期在華仁書院任職，提出教育不應僅限於學術學習，而應為學生提供自由發展的空間，並通過服務活動培養他們的責任感，進而將這種精神帶入社會。他主張本地教育模式需要變革，認為現行的文理分科制度令人遺憾，並建議中學生應拓寬知識視野，學習包括理科和歷史在內的多門學科。

香港回歸後，他還強調應增強學生對中國歷史和文化的瞭解。他指出，中國歷史課程內容繁多，應致力於激發學生的興趣而非單純增加難度。

他特別關注教師的再培訓問題，建議教育署為教師們安排系統性的再培訓計劃，以更新他們的知識和教學方法。他認為，教育署應當加強支持那些教導成績較差學生的教師，幫助他們建立良好的師生關係，陪伴學生成長。

1997 年，他和一羣熱心教育的專業人士創立了香港國際教賢學院，推廣正面觀念和全人教育，同時推動家長教育以及培訓教師的道德和價值觀；他多年來為教師、大專生，家長及專業人士提供了不少價值教育課程。

2003 年香港大學向 Fr. Deignan 頒授名譽社會科學博士學位，以表揚他對香港及亞洲教育界作出重大貢獻。

2008 年香港教育學院向他頒授榮譽博士學位，以表彰他對教育界的貢獻。

2012 年香港中文大學頒授榮譽社會科學博士學位予 Fr. Deignan，以表彰他對香港及亞洲教育界作出的傑出貢獻。

2018 年 12 月 11 日，Fr. Deignan 終年九十一歲。12 月 22 日，喪禮彌撒在九龍華仁書院聖依納爵小堂舉行。同日，他獲安葬於跑馬地天主教墳場。

校長訪談

蘇中平校長

（1965屆；任期 1972-2009）

採訪者：**蘇校長，請問您在九龍華仁的學習經驗是怎樣的？**

蘇校長：我在 1959 年升讀華仁的六年級，一直到 1967 年中七畢業，然後升讀香港大學。我念中六時，有一堂課給我很深刻的印象。那一節是倫理課（Ethics）。當天講的是離婚的問題。神父突然叫我站起來，問我：「你是不是天主教徒？」我說我是。他就叫我用天主教徒的觀點去分析一下離婚的好處和壞處。我這方面的知識是「有限公司」。我講了 15 分鐘，講離婚對子女有甚麼害處、對承諾有一個 breach 之類，講完就以為可以坐下來。怎料神父叫我不要坐下來，要用一個不是天主教徒的觀點去講離婚。那可慘了，我又講了 10 分鐘，自己講了甚麼，其實不太記得起。這一堂課，給我一個好深刻的印象。為甚麼？不是因為當時站着講話講了多少分鐘，而是神父教了我：看任何問題，不只有一個觀點，是有很多個觀點的。華仁的教育起了很大的作用，使我明白看事物是要全面一點，要考慮很多觀點，這是我印象比較深刻的一課，並且覺得耶穌會教育很有特色。他們不是要你——當然他們希望你用天主教徒的觀點來說話，但是他們都會要你考慮其他觀點。這是其中一個。

第二個就是我入學不多久，即是讀六年級的時候。那個時候我還未是天主教徒——我中五畢業之後才領洗。進了華仁沒多久，有位神父就問我：「Norman，你將來會不會做神父呀？」我覺得很奇怪，回答道：「我不是天主教徒，又怎會做神父？」神父跟我說：「你現在不是，將來會是。」由此可知，學校的教育，其實是想培養教友、培養做神父的人。後來，我讀到耶穌會的歷史，他們其實都是希望培養一些做神父或者傳教的人。到了念中四的時候，我開始受到他們影響，跟神父學道理，中五畢業後就領洗，成了天主教徒。這是我第二個記得的。

第三個記得的是中六上課時的一個片段。當時的應用數學是神父教的。上堂時，他有條數學題目做不到，對着黑板好久都不行，坐在我旁邊的同學（直到現在我仍然跟他有來往）說：「Norman，你懂的話，不如出去教神父怎樣做。」我這個傻小子真的走出去做。我做完後，神父仍然看着黑板說：「I still can' t see why.」，我又沒法給他解釋我是怎樣做到的。那時真的很尷尬。我暫時想到，這幾件比較有趣的事。

採訪者：**當時您有沒有印象特別深刻的神父或者老師？**

蘇校長：有好幾位老師的印象都很深刻。其中一位就是馬玉麟老師。他教書很認真。他是教中文的，除本科知識外，他也教我們很多做人的道理，即是中國的傳統價值觀。

另外一位是劉繼業老師，這位老師記性很好，那些唐詩全都能隨口唸出來。他一看風景，也能夠隨口作詩。劉繼業老師上課的時候，不怎麼講課，而是講故事。他的花名是「講故佬」，他講故不講書，但是又能夠令我們對中文和中史很有興趣，下課後去找資料自學。神父都會教我們很多做人的道理。他們以身作則，是好得無比的真君子。我中四的班主任是 Fr. Smyth，對我們有很大的影響。我念中七的時候，黎神父 Fr. Reid 做校長，他外表很嚴格，但對我們是好寬鬆的。他有他的一套。有一次，我和幾個同學（包括剛才提及叫我出去和神父一同做數學題那位）外出吃午飯，遲了回校，在學校門口碰到 Fr. Reid。他看見我們，和我們打了個招呼就算，沒有責罰，沒有說甚麼，讓我們都不好意思。他們是這樣教你的，不會馬上責罵或質問你。這全都是一些比較深刻的印象。

採訪者：**九華的教育對您的成長有沒有甚麼影響？**

蘇校長：影響好大。令到我覺得，做人是要講道理的。每一件事都要去探源，都要去找出為甚麼，令到我對人會比較寬鬆一點，容易接受人，即是不會事事挑剔、找人錯處。

採訪者：**您在初任校長的時候，九龍華仁學生和您讀書的時候有甚麼不同呢？**

蘇校長：基本上大家都是好學的，每個人都有自己的興趣。我讀書的時候是這樣，我出來工作的時候又是這樣，做校長的時候又是這樣。因為我沒有教過其他學校，我不知道其他學校是怎樣的，只是知道華仁的改變不是很大。但是我初進華仁唸書的時候，同學的家庭背景，多數是比較富裕一點的，到我做校長的時候，就變到比較貧窮。這就是最大的不同。基本上，學生的品行和學習態度都沒有甚麼改變。

採訪者：**可不可以談談您任職校長時的趣事或者樂事？**

蘇校長：我初做副校長的那一年，黎神父做校長，有一個讀中五學生「走堂」，去了新華戲院，即是在現在的那個甚麼……賣電腦的……

採訪者：**旺角電腦中心？**

蘇校長：不是電腦中心，是亞皆老街……

採訪者：**亞皆老街彌敦道口附近。**

蘇校長：我也不記得那是甚麼大廈。他到新華戲院看「霸王戲」，沒有買票。那一齣是「鹹片」，他被人捉去警署。我因為是副校長，要去警署保釋他。首先我要去見警司，他問我是學校的哪一位，我回答我是副校長。他就說：「這樣，你帶他回去。」然後就帶他去新華戲院見經理。那位經理很好，說：「小朋友，我不會告你。不過，看『霸王戲』是不對的。還有，就算看，也不應看這類電影。」他其實是教育那個學生。我向經理道謝後，就帶這個學生回校見校長，那時的校長室也是現在的那個。不過，副校長室就在現在的社工房，我想你也記得，你讀書的時候也是……

採訪者：**13 號房，記得。**

蘇校長：我帶了那個學生去見黎神父，就回去自己的房間。剛坐下，那個學生已來了。我問：「校長跟你說甚麼？」他說：「校長沒有說甚麼，只是叫我下次不要再這樣做。」我當然跟那個學生講了很多道理。接着我過去見黎神父，我問：「他既然去了警署，要不要叫家長來談一下？」黎神父說：「不用了，只是小事。」由此可見，黎神父其實是很寬鬆的。他給我上了很好的一課：對人要寬容，即是要寬恕。他可以寬恕到這樣，其實都是華仁教育的一部分。以現在的角度來看，黎神父是不對的，一定要通知家長。否則，我們一定會受到教育署的譴責。然而，那個學生以後真的沒有再做這種事，也不再「走堂」，也沒有變成一個壞人。如果當時我們很嚴厲地處罰他，後果可能會不同，可能他會反叛。這是我做校長副校長的時候，這是令我印象很深刻的事件，也可以說是一件趣事。這個是我這條題目一個最重要的答案。這是和華仁教育有關的。

採訪者：**接着想請您談一下任職校長時候遇到的一大挑戰。**

蘇校長：挑戰嗎？天主對我很好，沒有要我解決甚麼難題。我沒有想到有甚麼是令我很頭痛的。最大問題是當時教育署要香港學校改成 SMA，即是要學校改成有自己的校本委員會（Management Committee）。這個其實是我自己向教署提議的。華仁改了：有校本委員會，裏面有教師代表、有家長代表、有辦學團體代表，還有學生代表。當時我就向教署提議了這樣做，他們就說不要有學生代表。這個是題外話。後來就要每一個 panel 寫 yearly plan 和 budget。很多老師都反對。我想你都經歷過這事，即是要過一個 panel，有一個 yearly plan，有一個 budget。很多學校的老師都是反對的。那學校怎樣推行呢？我就花了幾天時間，將每一個 panel 的 plan 和 budget 寫出來，分發給各 panel，就叫他們來年大約跟着這個 plan 來寫。這是我覺得其中一個挑戰。我覺得老師又沒有怎樣反對，不似其他學校一樣，去抗議、去投訴校長等。我已經講了一個趣事。這事是我自己提出來的，自己搞到自己。

採訪者：**您任職華仁校長期間，請問教育的部門跟學校的關係有沒有甚麼改變？**

蘇校長：沒有甚麼大改變，同狄神父那時候的情況差不多。他們都沒有怎樣干預學校的內政。

採訪者：**另外，學校在課程設計、教育方法、保留辦學團體的教育特色那些方面，怎樣適應政府教育政策的改變？**

蘇校長：政策沒有怎樣改變。其實，教育部門一直最關注的是學校怎樣花錢。他們是慷慨的。學校在我任職期間，收到不少額外的資助，例如那時候要推行電腦科技的教育，我們 IT 部門經過努力，就申請到一筆 700 萬的撥款，給我們安裝光纖、買電腦設備。聽聞只有幾間學校有這樣的撥款，幸好我們申請得到。他們又成立了優質教育基金（QEF），我們生物科的部門，跟 IT 的部門就合作推行了「華仁徑」計劃，那裏又是幾百萬。後來呢，他們又有個 SIP 學校改善計劃，即是那個「School Improvement Program」。原本是給校舍設備不好的學校改善設施、改善校舍。那華仁當然是沒有份的了，但是後來他們又增加撥款，讓我們再申請。我申請了 3800 萬，建成 Ricci Building；加起來是很多錢。尤其那不是現在的 700 萬，不是現在的幾百萬，不是現在的 3800 萬，是好多年前，差不多是 20 年前的。他們都很慷慨，讓我們花這麼多錢，那自然我們要善用這些新設施、新設備，改善教學效果。學校行政，他們是沒有怎樣干預的。還有，學校的教育方針，一直都是希望學生自主學習、過愉快的學校生活，不會有人說你不對，又或者你應該怎樣做。唯一一次，就是他們希望學校引入商業管理。當時好像是每一所學校都要這樣做。我說過，他們最關心的就是你怎樣花錢；他們撥款給你們學校運用，那學校怎樣運用？花了多少錢在教學方面？花了多少錢改善校舍外觀？花了多少錢維修？花了多少錢培養學生？花了多少錢做 counselling？他們就要求學校每個老師、每個僱員紀錄花了多少時間做某件事，例如每個老師每天花了多少時間批改試卷，多少時間備課，多少時間上課。這就似乎比較瑣碎。我們學校就有聲音告訴他們這樣做不對。結果還是沒有這樣做。他們都發現，這樣的管理是不適合學校的。我覺得就算是商業機構都不會這樣做。難道紀錄僱員花了多少時間打字？花了多少時間去洗手間？是不會這樣做的吧？我記得這是唯一一次比較嚴重的所謂干預。其實他們都沒有干預，沒有要我們一定要做，後來就沒有了下文。

採訪者：**校長還有甚麼補充呢？**

蘇校長：教育當局在 97 年之前講過，要加通識科。當時，我在 CDC (Curriculum Development Council) 那邊任職，那是公職。那時候，我表示反對，因為我覺得，通識宜在學校每一個層面滲透，並不需設一科考試。當時有人認為，每一科都要考試，所以我就反對了。結果當時都有不少人反對，那個計劃停了，後來不知道怎樣又復甦了。結果，通識科設立了，還要有考試。那麼，我們學校都要照做，但是那時我已經退休了。但是又好奇怪，我雖然反對，我校通識科成績，是香港最好的。這是題外話，不是在我任職期間。結果後來通識科取消，因為全變質了。當年我反對，因為覺得不是每一科都需要考試。我也提出過一個意見是當時沒人想到的：我說很容易會被別有用心的人在這科裏加入一些不太恰當的內容。但當時沒有人理會，每個人只想着考試，覺得考試最重要。連我們華仁徑那本小書，教育署的官員也問我們：「這一科要不要考試？」他們覺得考試很重要。我覺得教育學生不一定需要舉行考試，不過這只是我的看法而已。

採訪者：**最後，你對華仁現在的校友，還有在學校的同學有沒有甚麼勸勉？**

蘇校長：不敢說是勸勉，只是希望他們能繼續努力學習，求取真理，盡量明白天主教教育的精神。狄神父做校長時，談及 Ignitian Spirituality。他說最重要的是，你在甚麼地方都見到天主，在人身上見到好的一面，我馬上說：「如果我們有個學生，又走堂，又搗亂，不交功課，考試又『肥佬』，又欺凌同學，在外邊跟別人打鬥。在這個學生身上，你會見到甚麼好的一面呢？」神父很厲害，說：「這是一件好事，天主讓我們教這樣的一個學生，是認同我們的方法，所以我們要盡量教好他。」狄神父給我一個好大的啟發。

採訪者：**非常多謝校長您接受訪問。**

蘇校長：我受了華仁教育幾十年，不只是那八年（小六至中七），是從頭到尾都受到他們的影響。希望這些體會，對現在的學生和校友都有幫助。

採訪者：**非常多謝校長。希望您健康快樂，拜拜。**

蘇校長：拜拜。

陳岡校長 Dr. John Tan

（任期 2009-2013）

文字訪問稿

採訪者：**請問您在香港華仁的學習經驗如何？**

陳校長：我與華仁師兄、同級同學和師弟透過一起上課、參加學校辯論隊、舉辦明愛賣物會、服務盲人及輔祭會活動所建立的友誼，令我一生感恩。

採訪者：**可否說說印象特別深刻的港華神父 / 老師 / 同學 / 學習情形 / 課外活動？**

陳校長：每年下學期考試結束後，Fr. Charles Daly（戴禮安神父）會逐一會見每位中一學生。他會跟考試成績好的同學以半鹹淡廣東話說：「你考試考到好成績，應該要感謝天主，加入我的道理班成為教友吧。」

對考試成績不理想的，他會說：「你應該加入道理班信天主，求祂幫你下次考試有更好的成績。」

對已經是天主教徒的中一同學，他的會面亦有類似對白，不過要求就變成為叫教友學生將來做神父。

我中一時是非教友，就是這樣中二參加了戴神父的道理班，一年後領洗成為天主教徒。

採訪者：**香港華仁教育對您的成長及工作有何影響？**

陳校長：Fr. Cyril Barrett（巴烈德神父）是我的校長和科目老師。他的領導實踐，令我感受到教育領航者的宏觀視野對中學生升讀大學機會產生的正面影響；他的教學風格，令我體會到發掘學生的天賦潛能對提升學業水平的重要性。Fr. Francis McGaley（歐陽理神父）對我的同學的關愛令我很受感動。兩位神父在我心中種下將來成為教育工作者的種子。

採訪者：**請問你覺得兩華學生有甚麼不同？您曾擔任過其他學校的校長，請問九華學生跟其他學校的，又有甚麼不同？**

陳校長：自己讀中六那一年，首次與九華同學合作籌辦聯校活動，覺得很多九華學生衣着和打扮都比港華學生「型仔」，但大家作信奉的價值卻沒有甚麼分別。

擔任九華校長之前，我曾在港華任教十年。開始在窩打老道校園每天接觸九華學生後，覺得除了不少港華學生入學前已在華仁小學建立了六年的友誼之外，在我重視的學習主動性、創意思維、領導力和可塑性等方面，港九華學生沒甚麼分別。

港華、九華和華小是我曾服務的三間華仁學校，三校學生基於耶穌會教育孕育出來的同一服務精神，重要性遠超其他形式上的分別。港九華校友不分港九、打成一片、互相支持、衷誠合作的精神，我在 Wah Yan College Alumni Association (Vancouver) 服務的期間感受最深。只要我們港九華舊生聯手，全溫哥華市最大型的港校校友會週年舞會，只有我們華仁每年能夠成功舉辦。我作為港華校友和九華校長，與一些九華校友建立的友誼，一點也不比我與港華同班同學的情誼淺啊！

採訪者：**可否說說您任職九華校長時的趣事或樂事？**

陳校長：趣事：曾經收過一封申請入學信函，信封面寫的收件人是「九龍華仁書院徐仁壽校長」。

樂事：每次跟 Fr. Harold Naylor 或李潤明老師外出午膳，都是一件樂事。

似是趣事、其實是痛心的事：當查問為甚麼某一班所有學生在中文說話考試全部考獲「甲」等成績時，得到的答案是「他們全部都是中國人嘛」！

他人認為有趣、自己認為是苦事的事：每次 Fr. Harold Naylor 笑着跟我說：「The Principal has his two (later three) sons studying in the same school!」

採訪者：**請說說您任職九華校長時遇到的一大挑戰。**

陳校長：帶着腰患但接受負責明愛賣物會同學的邀請去「掭大錘」是挑戰，但不是一大挑戰。

提升學校的學習氛圍和學生的學業水平是挑戰，但不是最大挑戰。

眼見學校進步，但因為自己是校長，同時眼見幼子在學校的生活質素越來越差，如何取捨是最大的挑戰。

採訪者：**你最懷念在九華服務的哪些片段？**

陳校長：我最懷念與周副校長、姜副校長、Daswani 副校長、Mr. Eric Kan、Mr. David Cheung、Ms. Cecilia Chow、Mr. Henry Yuen 及 Mr. Eugene Lee 等同事開行政會會議的時光。我們集思廣益，一心一意為學生最大利益放下可能出現的歧見，尋求共識，共議同行，結出果實；這是我專業工作生涯中其中一段最有滿足感的日子。

採訪者：**請問您對現在的九華同學有甚麼勸勉或期望呢？**

陳校長：從周子詩校長的身教中細心觀察和學習，同學們會終身受用！

鍾衞良校長

（1979 屆；任期 2013-2022）

文字訪問稿

採訪者：**請問您在九龍華仁的學習經驗如何？**

鍾校長：70 年代中，在九龍華仁書院就讀，學習經驗是多姿多彩的，因為學校給予很大空間讓學生探索自我、讓夢想翱翔。九龍華仁書院偌大青蔥的校園裏，盛載着無數少年的青春歲月，而我在九華的那些年，也是我生命中最美好的回憶，烙印在我腦海，亦是我成長路上堅實的基石。

採訪者：**可否說說印象特別深刻的老師 / 同學 / 學習情形 / 課外活動？**

鍾校長：九華仔的午膳時間特別長，讓我這個來自荃灣的小學生有機會到學校附近的社區尋幽探秘。我曾經到京士柏山的小山丘獵奇、到窩打老道的道聲書局「打書釘」、還到附近的餐廳試食，例如聯發和紅寶石。這些探索的經驗讓我感受到世界的無限可能性。當然，我們也可以按各自喜好自由活動，例如在硬地足球場上奔馳，與同學切磋球技，或者在校園的草地上看書，邊感受大自然的氣息，邊享受獨處的樂趣。

課堂上，老師們的教學充滿啟發性。中一的時候，班主任是湯老師，他教我們英文和歷史。上他的課，厚厚的「牛津高階英語辭典」(*Oxford Advanced Learner's Dictionary*) 是必備之物，遇到不懂的生詞，湯老師會讓我們自己查字典，然後將解釋告知全班，讓大家互相學習。湯老師還要求我們開四本筆記簿，用來記錄學到的生詞、片語、成語和句子結構。這種自主學習的方法，雖然現在看來沒甚麼特別，但在當時並不普遍，甚至可算是非常先進的。

中三時，我讀的是 3B 班，班主任是 Fr. Naylor (魏志立神父)。他讓我知道，學習並不僅僅限於課堂，而是可以踏出課室的大門。他引領着我們體驗了許多人生中的第一次，例如我們第一次遠足，從荃灣一直走至大埔。沿途我們經過一條小溪，稍作休息時，我將一罐可樂放入溪水中，片刻後，那罐可樂已經變得冰涼，令我第一次品嚐到透心涼的冰爽刺激。我們一起走了一整天，然後在大埔宿營過夜。晚上，我與同學們第一次成功煮好一煲腐竹糖水，歡樂彌漫其中，樂也融融。

而我們的校長在那個年代是 Fr. Reid，他獲江之鈞老師 (Francis Kong) 稱為「完美行政人員」(a perfect administrator)。黎神父給予學生很大的自由，但同時對我們的學習和行為有嚴謹的要求。我記得，每次我們排隊進入禮堂進行週會時，禮堂內鴉雀無聲，因為學生們知道，一點談話聲都會贏得神父們的耳光。

採訪者：**九華教育對您的成長及工作有何影響？**

鍾校長：我有幸遇到一些非常令人印象深刻的老師，如 Fr. Taylor (達樂義神父) 和江之鈞老師。達神父在中四和中五時教我英文，他的教學方法是考試導向，在他的諄諄善誘下，我在中學會考英文科中取得了 A 級的成績。江之鈞老師則在中六和中七時教我英文，他的身教言教讓我學會了如何成為一位君子，也啟發了我日後成為一名老師。

在九龍華仁書院的歲月，是我人生中最珍貴的寶藏，我永遠記得在這裏學習、成長、探索的點點滴滴。

採訪者：**在您初任校長之時，九華學生跟您在學時的有甚麼不同？**

鍾校長：中七畢業後，32 年過去了，我於 2013 年回到母校，身份已由學生變成校長。時代變了，學生也變了。九華仔仍然出類拔萃，但感覺就像是少了點自省、自發和自信。這一代的學生與電腦一起成長，善用資訊科技。他們的舒適區是網上虛擬世界，自我感覺良好，因此有時會較為自我，較少積極提升自己的表現，而表現有時亦稍欠自信。因此，我在任內引入了辦學團體耶穌會的「意識省察」(*Examen*)，讓學生學會感恩和提升自省能力。我鼓勵學生積極參加學界和國際比賽，擴闊視野，提升表現。同時，我為中六學生安排了每週一次的學科測驗，幫助他們準備好文憑考試。

採訪者：**您曾擔任過其他學校的校長，請問在九華的工作量，跟在其他學校相比，有甚麼顯著的不同？**

鍾校長：出任九華校長的工作量比一般校長重，因為學生活動多不勝數，只要獲得學生邀請，我都會出席他們的活動，陪伴他們並為他們加油打氣。同時，九華的舊生網絡也相當龐大，疫情前 9 月至 12 月期間，我幾乎每個星期天都出席舊生聚會。曾經有一段時間，我連續工作了 21 天都沒有休假。雖然工作繁重，但看到學生們的表現不斷提升，青出於藍，我打從心底替他們感到喜悅。

採訪者：**可否說說您任職九華校長時的趣事或樂事？**

當田徑隊第一次在學界田徑比賽（組別一）獲得季軍，頒獎後學生將我拋上半空慶祝，一齊分享着努力付出的成果；當游泳隊第一次在學界游泳比賽（組別一）獲得殿軍，隊員在看台上大聲歡呼：「多謝校長！」那份眾志成城的喜悅，畢生難忘。當然，當學生能入讀心儀大學，他們的一聲多謝，也是暖在心頭。

採訪者：**請說說您任職九華校長時遇到的一大挑戰。**

鍾校長：作為九華校長，我最大的挑戰是平衡不同年代校友和老師對學校和學生的期望。不同年代的校友和老師對華仁及華仁仔的觀感都有所不同，而他們的期望也大相徑庭。「順得哥情失嫂意」，如何能周旋於不同意見之中，實是一項挑戰。但作為校長，我明白不能為了討好別人而放棄學生和學校的利益。我相信士之特立獨行，不顧人之是非，有人可能不理解我的決定，自會得失一些人。

採訪者：**在您出任九華校長期間，請問如何面對港府教育政策的改變？**

鍾校長：根據教育資助則例，九華作為一間政府資助學校，我們有責任去落實政府的教育政策。但落實政策時，作為校長，我會透過會議及周會等場合，向教職員及學生詳細解釋政策的背後理念，推行需要及按九華校情而訂定的推行策略、時序及安排。我會聆聽教職員及學生的意見，調節策略的安排，讓政策可以軟着陸，令教職員及學生容易適應。

如我對政府的教育政策有意見，我會直接向分區學校發展組、副局長及局長反映。例如，當我在 2021-2022 年度，出任香港補助學校議會主席時，我就對學校防疫、停課及復課安排，疫情下文憑考試安排，文憑考試必修科目檢討，STEM 教育發展政策，學生升學出路，學生人數下降對應政策等提出意見，而很多意見也獲政府接納，令學生受惠。

採訪者：**請問您對現在的同學有甚麼勸勉或期望呢？**

鍾校長：最後，我想寄語新一代的九華仔：「善用天賦、愈顯主榮，裝備自己，與人同行」。善用自己的潛力，將主的榮光展現出來。裝備好自己，使有能力服務他人，攜手同行。讓我們一起加油！這個世界充滿了無限的可能性，只要我們敢於嘗試，勇於追求，定能成就非凡，共建一個更美好的世界。

採訪者：**非常多謝鍾校長！**

主編後語

過去的兩年間，在校監和校長的支持下，我與一羣老師、校友和同學一起籌劃和撰寫這本百年校慶的百年印記。我對有機會回饋母校，心存感恩。

自從 1959 年踏入這個校園，我個人真正體驗到了生命的潛移默化。在幾位神父和老師的啟迪下，我走上了歷史專業學習的道路。經歷了 50 多年的歷史學習洗禮，我充分明瞭承擔這個校史撰寫的挑戰：一方面因為搜集 100 年的歷史資料絕非易事，學校也沒有系統的檔案館儲存歷史文獻或資料；另一方面，如果只是由我單獨研究和撰寫，始終無法避免被標籤為主觀意願的作品，被人批評為賣花讚花香，為母校貼金。

耶穌會的教育精神重視經驗、反思和辨別，不僅是純理性或知識的分析，更重視從知識提升至道德，最後昇華至信仰的轉化(conversion)。根據耶穌會神學家 Lonergan 的解釋，對萬事萬物的理性分析，最終仍然是人生終極價值的追求，在萬事萬物之中找到上主。這也反映出司馬遷的名言：「究天人之際，通古今之變，成一家之言。」

司馬遷嘗試以一家之言去貫通古今歷史，最終必須回歸到天人的關係。在中西文化的啟發下，我籌劃了這本百年史書，綜合了若干史學方法和理念：

第一是口述歷史。本刊呼籲校友自發地參與計劃，接受加入這項計劃的志願者同學的訪談，同時以不記名的方式記錄和轉述。我的主要工作是結合他們的觀點和心得，將他們的經驗和觀點融為一體，從而描繪出學校的演變和發展。最後，我還記錄了他們解釋自己如何受九華教育影響的過程。所以，在 300 多位同學個別的訪問和 100 多位小組形式訪問的集體經驗的記錄中，我的主觀影響已經降至最低。

第二，為了保留口述歷史資料的真實性，受訪者使用的詞彙、語言、情感都儘可能地真實地表達出來。除了少數校友以書面的文字作為訪問記錄，所有的訪問都用廣東話進行，其中夾雜了不少廣東話俚語和英文的表達。因此，第二章的第一至第三節出現了一種語言混合的現象，即廣東話口語、語體文字和英文句子的表達交錯在一起。讀者可以參考閱讀話劇或電影的劇本的方法去理解這三節的內容。

第三，歷史求真是基本的原則。我深信忠於歷史的道理。為了保留所有被訪者的實際想法和感覺，第二章第四節介紹九龍華仁教育對被訪者的影響時，文章儘量只列出校友對九龍華仁教育的反思，而避免加入個人的觀點。這是引用一個基本的史學方法：Let the thing speak for itself（參考古羅馬哲學家 Cicero 的法學理論）；歷史工作者儘可能讓歷史資料呈現它們的內容，而不作評價。因此，第四節的寫作風格像流水賬的記錄，與第一至第三節不同。

第四，第五節是我正式嘗試總結上四節的歷史記錄，反思這些記錄並最後評論九龍華仁和耶穌會的教育。

此外，第一篇有關 1924-1952 年九龍華仁的前期歷史是經過嚴格的歷史考證而寫成。第三篇神父校長背景則是由之前的特刊的歷史記錄或校長後人的供稿，退休校長的訪問也是直接傳錄。

最後，經過兩年默默的努力，我相信這本百年印記能夠給世人一個清楚的交代：從幾百位校友和老師的分享中，九龍華仁百年樹人的努力，不僅體現出耶穌會的教育精神，更具體而深遠地影響了無數的學子。百年蒙恩，由衷而言，我手寫我心，既符合「格物致知」之道，也有「心即理」的精神。校慶史書留世，期望能夠助於傳承之效，並愈顯主榮。

2024

附錄

九龍華仁書院大事記 1919-2024

1919 年 12 月	華仁書院由徐仁壽開辦。
1922 年	華仁書院成爲政府補助學校。
1922 年	林海瀾加入華仁書院。
1924 年	華仁書院在九龍砵蘭街開設新校，校長為徐仁壽。
1925 年底	徐仁壽退任兩華校長之職。
1926 年	林海瀾為港島華仁書院校長及兩華校董。衛仲虞為九華校長。 愛爾蘭耶穌會 Fr. George Byrne（潘佐治神父）和 Fr. John Neary（李約年神父）率先踏足香港。
1928 年	奶路臣街九華新校舍落成啟用。周清霖接任校長。新校隨後也成爲政府補助學校。
1932 年夏天	徐仁壽和林海瀾與耶穌會達成接辦港華協議。12 月耶穌會接辦港華，九華則由林海瀾負責管理。
1933 年	林海瀾接任九華校長。九龍第十一旅童軍成立。
1936 年	第一屆陸運會舉行。
1938 年	學生成立「九龍華仁書院學生國難籌賑會」，籌款賑濟國難。Fr. Thomas Ryan（賴詒恩神父）任

	難民營專員。
1939 年	Bishop Enrico Valtorta（恩理覺主教）訪校。
1941 年	耶穌會在尖沙咀開辦之華仁書院九龍高中分校開課，由 Fr. Gallagher（嘉利華神父）管理。學校因日佔而停辦。12 月香港淪陷，林海瀾返回九華取回學校文件。
1942 年	林海瀾將九華的桌椅搬至獲批復辦的九龍塘學校。校舍稍後被徵用為日語講習所。
1945 年 8 月	香港重光。9 月林海瀾搬回於九龍塘學校的桌椅返校。九華於 10 月復課。
1946 年 4 月	復活節後耶穌會接管九華，冠名為 College of the Sacred Heart。Fr. Patrick Grogan（高伯仁神父）擔任校監，林海瀾為校長。
	耶穌會神父申請在何文田山道十五號改為九龍高中分校，最後建議落空。
1948 年	政府給予耶穌會位於九龍窩打老道之「火棚」一塊土地興建新校。
	九華印行天主教英文刊物《東方聖心報》取代《磐石》月刊。Fr. Edward Bourke（博育賢神父）為刊物經理。
1949 年	港督葛量洪批准將建校範圍擴大至 447800 平方英尺，即今天校園面積。
1950 年	耶穌會神父和舊生會會長高福申舉行新校動土儀

	式，愛爾蘭省香港傳教區會長 Fr. Thomas Ryan（賴詒恩神父）爲新校址祝聖。
1951 年 9 月	新學年採用新學制，第 1 班爲中六預科班、第 8 班為小五。
1952 年夏季	Fr. Patrick Toner（陶德萬神父）擔任校長。
	窩打老道新校舍落成。校名由「華仁書院九龍分校（WAH YAN BRANCH SCHOOL, KOWLOON）」更名為「華仁書院（九龍）（WAH YAN COLLEGE KOWLOON）」。
	12 月，九華新校舍正式開幕，港督葛量洪伉儷蒞臨主禮。聖母會成立，現為基督生活團。
1953 年	第一期校刊出版，名為 “The Shield”（《華暉》）。
1955 年	新禮堂建成。
1957 年	Fr. Herbert Dargan（梁德根神父）擔任校長。
1959 年	聖依納爵堂由 Bishop Lorenzo Bianchi（白英奇主教）主持祝聖禮。
1960 年	Fr. Anthony Farren（范育倫神父）擔任校長。
1962 年	九華正式取消小六班別。隸屬於聖母會的輔祭會成為獨立團體。
1964 年	第一期學報出版，名為 “The Signum”（《華粹》）。
1966 年	Fr. Derek Reid（黎烈德神父）擔任校長。
	學生會成立，郭少棠出任創會會長，擔任校報 The Signum 主編。

香港明愛賣物會假座本校足球場舉行，至 1988 年止。

1967 年　Fr. Patrick Cunningham（靳寧漢神父）在九華成立了第 11 旅空童軍團。

1968 年　校園東翼祝福聖禮開幕。九龍華仁書院舊生會成立，黃江森（Bernard Wong）出任創會會長。"The Shield"（《華暉》）由學生會負責出版。

1974 年　港督麥理浩出席本校 50 週年金禧慶典。

1976 年　音樂協會成立。

1978 年　Fr. Alfred Deignan（狄恆神父）擔任校長。

1981 年　中樂團及西樂團分別成立。

1982 年　公教聯會成立。

1987 年　聖母軍正式成立。

1988 年　校內泳池啟用。

1991 年　羅定邦大樓開幕。

1992 年　蘇中平先生擔任校長。

1999 年　家長會成立。

2002 年　香港航空青年團第 207 中隊成立（現為第 403 中隊）。

2004 年　紀念九華成立八十週年的特刊《五十六號的星光》出版。

港、九華仁舊生創立「華仁一家基金會」，目的是籌款提升華仁教學質素。

2005 年	Ricci Building（利瑪竇大樓）開幕。
2007 年	「華仁百萬行」籌款，曾蔭權特首主持開步禮，近三千人參加，籌得逾四千萬元。
2009 年	陳岡博士擔任校長。
2013 年	鍾衞良先生擔任校長。
2014 年	斥資港幣一千三百多萬重建之人造草地足球場重啟典禮。
2020 年	受新冠疫情影響，學校曾實行網上授課。
2022 年	周子詩女士獲委任為首位女校長。
2024 年	慶祝創校 100 週年。

九龍華仁書院神父、修士及到任年份

Rev. Bourke, Edward 博育賢神父 1945

Rev. Toner, Patrick 陶德萬神父 1945

Rev. Doody, Timothy F. 杜達明神父 1947

Rev. McAsey, Joseph 張光導神父 1947

Rev. Foley, John 科利神父 1948

Rev. Pelly, Michael 柏顯忠神父 1948

Rev. Moran, John 武倫神父 1949

Rev. Morahan, Michael 莫樂天神父 1950

Rev. Brosnan, Matthew 鮑善能修士 1951

Rev. Cooney, Albert 康雅拔神父 1951

Rev. Egan, Liam 顏愛群修士 1952

Rev. O'Dwyer, Kevin 胡鐸偉神父 1952

Rev. Butler, Richard 畢義理神父 1952

Rev. Collins, John 郭樂賢神父 1952

Rev. Finneran, Patrick 方學良神父 1952

Rev. Maguire, R 萬貴理神父 1952

Rev. Headon, Maurice 希達典神父 1952

Rev. Sullivan, Edmund 蘇惠民神父 1952

Rev. Cunningham, Patrick 靳寧漢修士 1953

Rev. Hogan, Arnold 賀格根修士 1953

Rev. O'Meara, John 馬良神父 1953

Rev. Hurley, James 于理（後名余理謙）修士 1954

Rev. Keane, Gerald 甘賢修士 1954

Rev. Howatson, Patrick J. 侯奕純神父 1954

Rev. Kennedy, Richard 簡理察神父 1954

Rev. Doris, Seamus 莊禮思神父 1954

Rev. McIntyre, Thomas 麥健泰修士 1955

Rev. Morris, P. 潘敏賢修士 1955

Rev. McCarthy, Richard 穆嘉田神父 1955

Rev. Egan, Canice 顏益群神父 1956

Rev. Smyth, James 石憫神父 1956

Rev. Kelly, James 紀烈義神父 1956

Rev. Chan, Francis 陳福偉神父 1956

Rev. Cryan, Martin 許禮仁神父

1957

Rev. Mallin, Joseph 連民安神父 1957

Rev. Dargan, Herbert 梁德根神父 1957

Rev. O'Neill, Thomas 廖彌意神父 1957

Rev. Jones, John 鍾神父 1958

Rev. Farren, Anthony 范育倫神父 1958

Rev. Tseng, Aloysius 曾順年修士 1959

Rev. Kane, Ciaran 冀世安修士 1960

Rev. James, B. 謝敏士修士 1960

Rev. Chan, Albert 陳綸緒神父 1961

Rev. Tarpey, James 華羽平神父 1961

Rev. Taylor, Donal 達樂義神父 1962

Rev. Wong, J.B. 黃福榮修士 1963

Rev. Corbally, Matthew 江之和神父 1963

Rev. Shen, J. 沈紹甫修士 1964

Rev. Taveira, M. 譚惠漢修士 1964

Rev. Brady, Peter 白禮達神父 1965

Rev. Zee, George 徐志忠修士 1966

Rev. Reid, Derek 黎烈德神父 1966

Rev. Naylor, Harold 魏以立（後名魏志立）神父 1967

Rev. Coghlan, John C. 谷紀賢神父 1967

Rev. Foley, Joseph 霍理義神父 1968

Rev. Wong, B. 王保華修士 1968

Rev. Russell, John 劉勝義神父 1969

Rev. Tai, Joseph 戴爾谷神父 1969

Rev. MacPartlin, Brendan 麥伯年修士 1970

Rev. Loh, Paul 1971 陸金登修士

Rev. McGovern, Patrick 孟家華神父 1971

Rev. Leung, Thomas 梁宗溢修士 1972

Rev. Kwan, C. 關永中修士 1973

Rev. Ng, Robert 吳智勳修士 1974

Rev. Koay, Gregory 郭春慶修士 1975

Rev. Lo, William 勞伯壎修士 1976

Rev. Deignan, Alfred 狄恆神父 1978

Rev. Doyle, Francis 董樹德神父 1980

Rev. Fung, Antonio 馮耀聰修士 1983

Rev. Yuan, Stanislaus 苑祥斌神父 1984

Rev. Baptista, Marciano 白敏慈神父 1988

Rev. Chow, Stephen 周守仁修士 1988

Rev. Wong, Simon 黃錦文修士 1993

Rev. Yeung Sai Yee, Peter 楊世義神父 1996

Rev. Zong, Xavier 宗堅固修士 2006

Rev. Tsui Lap Yan Clement 徐立人修士 2009

Rev. Law Sze Keung, Stephen 羅仕強神父 2017

Bro. Dinh Minh Tri Nguyen 阮廷明治修士 2021

Rev. Tang, John 湯湧神父 2024

九龍華仁書院老師、職工及到任年份

（1952 年以前教職員的中文姓名，很多已查不到了）

1924

Mr. Tsui Yan Sau 徐仁壽先生

Mr. Cheng Mo Shing

Mr. Fung, John

Mr. Fung Shui Ki

Mr. Lo Kai Chi 盧戒之先生

Mr. Mak Man Cheung

Mr. Tong Koon Chi

Mr. Wai Chung Yue 衛仲虞先生

Mr. Wong Suit Lam

1925

Mr. Foo Shiu Hong

Mr. Leung Ho In

Mr. Li Tek Shing

Mr. Shum Shuk Kin 沈叔堅先生

1927

Mr. Kie Shiu Hung

Mr. Poon Tin Fook

Mr. Tsui Yan Wai

Mr. Wong Ping Yue

1928

Mr. Chow Cheng Lam 周清霖先生

Mr. Kwan Man Wai

Mr. Ng Chun Fai

Ms. Wong, Fannie

1929

Mr. Chiu Wai

Mr. Ling Tak Yue

Mr. Luk Kong Leung

Mr. Tong Shing

Mr. Yeung S.H.

1930

Mr. Mak Kam Chuen

Mr. Pun Yau Pang 潘友彭先生

1931

Mr. Chan Kam To

Mr. Lee Tak Soon

Mr. Li Yiu Bor 李耀波先生

Mr. Liu Kai Yang

Mr. Wong Fat Kwong

1932

Mr. Lim Hoy Lan 林海瀾先生

Mr. Ng Sau Yan

Mr. Wong Chow Chiu

1933

Mr. Aras, S.P. Andrew 艾瑞史先生

Mr. Chan Fook Hong

Mr. Chew Yean Fook

Mr. Lam Kow Kwong 林球光先生

Mr. Luk Ki Chuen

Mr. Lye Joon Seng

Mr. So Shut Lun

Mr. Wong Tak Chai

1934

Mr. Li King Yiu

Mr. Liu Ki Ming 廖其銘先生

Mr. Luk Fuk Ching

Mr. Ma Hon Chuen

Mr. Wong Shau Fen

Mr. Woolley, Reginald

1935

Mr. Chan Jun Tung

Mr. Daw, Alfred Joseph

Mr. Lau King Chi 劉敬之先生

Mr. Loke Kok Meng

1936

Mr. Cheng Po Hong

Mr. Lee Hoi Chow, Hilary 李海洲先生

Mr. Leung Kwong Chor

1937

Mr. Chan Jin Fui 陳占魁先生

Mr. Chan Kai Lau

Mr. Choy Shing Pang, Desmond 蔡成彭先生

Mr. Ko Kan Wing

Mr. Yeung Heung Wing

1938

Mr. Chan Chin Keung

Mr. Ching Hing Chow 程慶疇先生

Mr. Chung Chun Tin

Mr. Chung Wah Leung

Mr. Leung Hon Yung

Mr. Tam King Wai

1939

Mr. Chu Che Sing 朱志成先生

Mr. Leung Chik Yuen

Mr. Ng Chung Sau

Mr. Ng Kwok Keung

Mr. Wilkinson, R.J. 韋健慎先生

1940

Mr. Cheung Ernest Robert

Mrs. Cheung Ruth Irene

1941

Mr. Choi George William Hong

1945

Mr. Chan Tak Yan

Mr. Ho Ping Ki, Michael 何炳圻先生

Mr. Hung Shui Ching 熊瑞徵先生

Ms. Lee Tun Yung, Annie 李端容女士

Mr. Leung Kam Pui

Ms. Lim Annie Maria

Mr. Lim Joseph B.

Mr. Lim Nget Yoon, Benedict

Ms. Lim Rose Agnes

Mr. Ma Yuk Lun 馬玉麟先生

Mr. Wilkinson, Charles Henry

Ms. Wong Kit Kwan, Cecilia 黃潔君女士

1946

Mr. Chow On Fuk 鄒安福先生

Mr. Lau Fai Kwong

1952

Mr. Chan Pak Yung, Anthony 陳柏容先生

Mr. Chan T.S. John 陳佐舜先生

Mr. Chu Chi Shing 朱志成先生

Mr. Landolt. W.

Mr. Lee Kang Ching 李鏡澄先生

Mr. Lee Yin Wo 李彥和先生

Mr. Ng Tai Yip 吳大業先生

Mr. Wong Chin Wah 黃展華先生

Mr. Wong Tuen Po 黃端甫先生

1953

Mr. Cheng Yuen Chia 鄭雲若先生

Mr. Lau Wah Po Nicholas 劉華甫先生

Mr. Poon Wing Kong Felix 潘永康先生

1954

Mr. Wong Alexander 黃全先生

1955

Mr. Hung Tai Kong 熊大絳先生

Mr. King Chi Wu 金其武先生

Mr. Niu Hsin Ying 鈕先蔭先生

Mr. Tam Wing Cheong Gerald 譚詠璋先生

1956

Mr. Chan Jao Yau Alex 陳佐堯先生

Mr. Hung York Choi 熊毓材先生

Mr. Lau On Kwok, John 劉安國先生

Mr. Tam Chi Sing Laurence 譚志成先生

1957

Mr. Ho Chun Yuen, Anthony 何鎮源先生

1958

Mr. Chan Kwan Man 陳君文先生

Mr. Hou Hsiang Dah 侯湘達先生

Mr. Hsueh Wei Shiang, Wilson 薛偉祥先生

Mr. Lee Sze Nuen 李士暖先生

1959

Mr. Fung Kin Fung 馮建澧先生

Mr. Hsi Chin Tse 奚慶摯先生

Mr. Light Shirlien 黎樹濂先生

Mr. Yuen Fook Shun 源福舜先生

1960

Mr. Kong Chi Kwan, Francis 江之鈞先生

Mr. Lau Kai Yip, Paul 劉繼業先生

Mr. Lee Yiu Kwong 李耀光先生

Mr. O'Flanagan, Patrick J

Mr. Sie Chung Tien, Peter 謝中天先生

Mr. Woo Kwok Sing 胡國星先生

1961

Mr. Chan Sau Tong 陳壽棠先生

Mr. Lai Ping Chang, Joseph 黎炳章先生

Mr. Lee Lip Kan 李立根先生

Mr. Man Tze Fong 文子方先生

Mr. Mui Kan Koon 梅勤官先生

Mr. Tam Wing Gay 譚榮基先生

1962

Mr. Chan Hoi Cham 陳海湛先生

Mr. Lee Chiu Mo, Ronald 李超武先生

Mr. Leung Lit Shu 梁烈樞先生

Mr. Lo Chun Hong, Vincent 盧振康先生

Mr. So Man Jock 蘇文擢先生

Mr. Yeung Andrew 楊必安先生

1963

Mr. Chan Ping Yuen 陳平遠先生

Mr. Fung Yum Tien 馮蔭天先生

Mr. Hsu Wei Tchong, Louis 薛偉祥先生

Mr. Kwok Kam Pui 郭錦培先生

Mr. Leung Kiang You 梁鏡堯先生

Mr. Leung Pui Kam 梁沛錦先生

Mr. Lin Jui Cheng 林瑞成先生

Mr. Tang Shiu Kwong 鄧兆江先生

Mr. Waung Sui King, William 汪瑞景先生

Mr. Yue Poon Leung, Damien 余本良先生

1964

Mrs. Cockram, J.

Mrs. Lawrence, B.

Mr. Wong Wing 黃榮先生

1965

Ms. Lanigan, Valarie

Mr. Tseng Ching Chang 曾慶昌先生

Mr. Tsoi Sze, Anthony 蔡時先生

Mr. Wong Fook Kwan 王福坤先生

1966

Mr. Ho Shui Fan 何樹勳先生

Mr. Lee Chiu Pown, Joseph 李超鵬先生

Ms. Lee Pui Ching, Christina 李佩清女士

Mr. Lo Tai Fook 盧帶福先生

Mr. So Wai Hong, Francis 蘇偉航先生

Mr. Yu Sung Ngok 余崧嶽先生

1967

Mr. Chan Shun Yan 陳信恩先生

Mr. Law Moon Che, Henry 羅滿枝先生

Mr. Lee Chiu Chung, Peter 李昭中先生

Mr. Wu Tin Chor 吳天助先生

Mr. Yim Bing Wone 嚴炳宏先生

1968

Mr. Leung Chung Kwan 梁松濵先生

Mr. Leung Kin Ping 梁健平先生

Mr. Mak Kuen Hing 麥權慶先生

Mr. Yan Sung Kei 甄崇基先生

1969

Mr. Chiu Hai Kaw 趙起蛟先生

Mr. Kong Shiu Tak 江紹德先生

Mr. Lee Man Sing, Louis 李文成先生

Mr. Man Wai Keung, Paul 萬煒強先生

Mr. Tong Yi Hung 湯漪虹先生

1970

Mr. Cheung Ka Shun 張家順先生

1971

Mr. Kan Yuet Kwan 簡悅鈞先生

Mr. Lai Chan Pong 黎鎮邦先生

Mr. Leung Pui Chee 梁培熾先生

Ms. Yeung Miu Lan, Margaret 楊妙蘭女士

1972

Mr. Ng Pik Tat, Peter 吳璧達先生

Mr. Poon Ngai Tat 潘毅達先生

Mr. So Chung Ping ， Norman 蘇中平先生

1973

Mr. Lee Tak Kwan 李德君先生

Mr. Leung Hau Bun 梁後彬先生

Mr. Ling Man Kwong 淩文廣先生

1974

Mr. Fu Ping Hong 傅秉康先生

Ms. Luk Shuet Lee, Shirley 陸雪莉女士

Ms. Yu Che On, Maria 余志安女士

1975

Ms. Cheung Lai Ping, Nancy 張麗萍女士

Mr. Ngo Pui Kau 敖佩球先生

Mr. Sze Kai Yan, John 施其仁先生

1976

Mr. Leung Chiu Wan 梁超雲先生

Mr. Yiu Yeung Lung, James 姚仰龍先生

1977

Mr. Chai Kang Ping 蔡康平先生

Ms. Chan Yin Shan, Catherine 陳嫣珊女士

Mr. Chan Yiu Ming 陳耀明先生

Ms. Cheung Wai Man, Rosana 張慧敏女士

Mr. Chiu Kou Tai, Herbert 趙球大先生

Ms. Knight, Julie"

Ms. Leung Yuk Oi 梁玉愛女士

Mr. Ng Hung Sum, Matthew 吳孔琛先生

Ms. Tong Miu Han, Virginia 唐妙嫻女士

Mr. Yau Kwok Cheong, Joannes 邱國昌先生

1978

Mr. Fong Tze Chiu 方子韶先生

Ms. Kwan Ka Yee, Polly 關嘉儀女士

Mr. Leung Wai Kwong 梁偉光先生

Mr. Liu Kam Kuen, Alex 廖錦權先生

Ms. Lok Ying Sheung 樂凝霜女士

Mr. Tam Wing Ming 譚永明先生

Ms. Tang Yuen Ling, Monica 鄧婉玲女士

Mr. Wong Fat Ming 黃發明先生

Mr. Wong Lai Kai, Paul 黃禮楷先生

1979

Mr. Chau Mau Wa 鄒茂華先生

Mr. Ip Pun Ming 葉泮明先生

Mr. Kwong Wah Ki 鄺華基先生

Ms. Russell Ying Lan Freda 蘇影蘭女士

1980

Mr. Chan Poon 陳本先生

Mr. Ng Kee Wah, Peter 吳其華先生

1981

Mr. Keung Yiu Ming, Stanislaus 姜耀明先生

Ms. Tai Yuk Tai(Later: Tai Man Kei), Christina 戴玉娣（後名戴雯淇）女士

Mr. Wong Chi Keung, Mark 黃熾強先生

Mr. Yau Yue Kwong 邱裕光先生

Mr. Yeung Wing Kin 楊永健先生

1982

Mr. Chow Wing Yuen, William 周永源先生

Mr. Kan Yat Cheung, Eric 簡日祥先生

Mr. Lam Wing Hung, Alan 林永雄先生

Mr. Tang Wai Choi 鄧偉才先生

Ms. Wan Yuk Har, Melinda 温玉霞女士

1983

Mr. Kwan Man Leung, Kenneth 關文亮先生

Mr. Mak Tak Wai, George 麥德維先生

Mr. To Wing Hin, Alex 杜永顯先生

Mr. Wu Kin Wah 胡建華先生

Ms. Yip Mei Chun, Stella 葉美珍女士

1984

Ms. Cheng, Elizabeth 鄭慕賢女士

Ms. Cheng Wai Ling 鄭慧玲女士

Ms. Ho Lai Ping, Jennifer 何麗萍女士

Mr. Lau Ping Yee, John 柳秉義先生

Mr. Tam Siu Kwong, Edwin 譚紹光先生

1985

Ms. Suen Kwok Ying, Serlina 孫幗英女士

Mr. Wan Sai Kit 温世傑先生

Ms. Wan Yim Fun, Alice 温艷芬女士

1986

Mr. Ching Wing Kei, Damien 程永基先生

Mr. Ho Lai Hang 何勵恒先生

Mr. Lee Hang Kin, David 李行健先生

Mr. Tang Kit Wai 鄧結維先生

1987

Mr. Lai Ka Yin, Franics 黎家賢先生

Mr. Lee Yan Ming, Raylex 李潤明先生

Ms. Leung Ka Yin, Brenda 梁嘉賢女士

Mr. Wong Wai Leung 黃偉良先生

1988

Mr. Lee Kwok Keung 李國強先生

Ms. Li Chiu Yi 李肖儀女士

Mr. Tong Wai Sing, Howard 唐偉成先生

Mr. Tsoi Sau Chun, Agnes 蔡秀珍女士

Mr. Wong Kwok Wah 黃國華先生

1989

Rev. Stephen Chow S.J. 周守仁神父

Mr. Bica, Claudio 白家豪先生

Ms. Chau Mang Wa, Rowena 周孟華女士

Ms. Cheung Tze Hung, Sharon 張紫紅女士

Mr. Tang Kam Chuen 鄧錦傳先生

1990

Mr. Chan Kwok Ming, Benedict 陳國明先生

Mr. Chan Sing Kwok 陳醒覺先生

Mr. Chan Yiu Sing, Luke 陳耀聲先生

Mr. Chow Ping Wa, Timothy 周炳華先生

Ms. Fan Yuk Fan 范玉芬女士

1991

Mr. Chan Cho Kin, Joe 陳祖健先生

Mr. Chan Ka Lok 陳加樂先生

Ms. Chau Suk Man, Eva 周淑敏女士

Mr. Chung Ka Lai 鍾家禮先生

Ms. Chung Suk Ying 鍾淑英女士

Mr. Lau Che Hong, John 劉志航先生

Ms. Lau Siu Yee, Connie 劉小儀女士

Mr. Shing Chi Keung, Danny 成志強先生

Mr. Tsang Ling Kong, Thomas 曾令江先生

1992

Mrs. Cheung Tam Ka Yee, Helen 譚嘉儀女士

Mr. Chong Wai Chun 莊偉駿先生

Ms. Ho Miu Hang 何妙杏女士

Mr. Leung Yiu Kwong 梁耀光先生

Mr. Seifert, Peter 司徒偉德先生

1993

Mr. Chan Kwan Nam 陳鈞楠先生

Ms. Fan Yau Lin 范友蓮女士

Ms. Hwong Yen Fang, Agnes 黃燕芳女士

Mr. Lam Kwong Chuen 林廣全先生

Mr. Lee Yan Ming(Raylex) 李潤明先生

Mr. Ng Kwing Kwing 吳炯炯先生

Ms. Shum Siu Ching, Maria 岑少貞女士

Mr. Wong Kang Ming, Alan 黃鏡銘先生

1994

Mr. Choi Wai Hoi (Howard) 蔡惠海先生

Mr. Leung Kwok Yee, David 梁國頤先生

Ms. Liu Pik Yan, Louisa 廖碧茵女士

Mr. Wong Chung Him 黃仲謙先生

1995

Mr. Chan Ho Yin, James 陳浩然先生

Mr. Fu Wai Tat 傅偉達先生

Ms. Hui Kennis 許秀戀（後名許文晞）女士

Mr. Koo Siu Chin 古兆千先生

Mr. Li Ngai Hong 李毅康先生

Mr. Ng Ka Lok(Alex) 吳家樂先生

Mr. So Kwan Wong, Gary 蘇君煌先生

1996

Mr. Chan Tin Chu(Peter) 陳天柱先生

Mr. Cheung Tai Chiu 張大超先生

Mr. Daswani, Ashok

Mr. Hau Cheuk Man 侯焯文先生

Mr. Ho Fu Kuen, Percival 何富權先生

Ms. Lau Siu King, Juanita 劉少瓊女士

Rev. Peter Yeung Sai Yee, S.J. 楊世義神父

Mr. Wong Ho Wai, Peter 黃浩威先生

1997

Mr. Cheng Hong Kan 鄭康勤先生

Ms. Cheng Wai Man(Queenie) 鄭惠敏女士

Mr. Ho Chi Keung 何志強先生

Mr. Ko Lop Fung 高立峯先生

Mr. Kwok Chun Shing 郭俊城先生

Mr. Lau Yuk Hong 劉鈺航先生

Mr. Lee Han Kin, Eugene 李行健先生

Ms. Ng Piu Yee, Helena 伍霈宜女士

Ms. Pun Ling 潘玲女士

1998

Mr. Chan Tat Him 陳達謙先生

Mrs. Fletcher, Lanyin 趙蘭英女士

Mr. Koo Gar Man, Simon 古嘉文先生

Mr. Lau Yik Hung, Matthew 劉益雄先生

Mr. Leung Chi Kit 梁志傑先生

Ms. So Ka Yin, Cynthia 蘇家燕女士

1999

Mr. Cable John Munro Millar

Mr. Chin Chi Ho 錢志豪先生

Dr. Chu Ho Tat, Matthew 朱可達先生

Ms. Lu Shao Fun 盧紹芬女士

Mr. Seto Wai Wah 司徒偉華先生

Mr. Wong Chi Wai, Eric 黃志偉先生

Mr. Zhang Ping 張平先生

2000

Ms. Chow Shui Fun 周瑞芬女士

Mrs. Gregory, Philomena

Mr. James, Barry Lynn Thomas

Ms. Mok Tim Kwan(Cecilia) 莫恬君女士

Ms. Wu Kuen, Christine 胡娟女士

Mr. Yuen Wing Hang, Henry 阮永衡先生

2001

Ms. Chu Sau Ying(Carol) 朱秀英女士

Mr. Fan Ming Kuen George 范明權先生

Ms. Lui Wing Yan, Teresa 雷穎欣女士

Mr. Ng Ming Lam, Martin 吳銘霖先生

Mr. Yiu Yun Kwan, David 姚潤昆先生

2002

Ms. Alarcon, Giovanna Belen 余安娜女士

Mr. Chan Wing Tat 陳永達先生

Mr. Lam Koon Shing, Kelvin 林灌承先生

Mr. Leung Chi Wai 梁志偉先生

Mr. Ma Siu Wai 馬肇偉先生

Mr. Tse Tsang Mau 謝增謀先生

Ms. Tsim Yuet Ngor 詹月娥女士

2003

Mr. Dmetrichuk, Darcy Grant

Mr. Lam Kwok Cheong

Mr. Wai Wing Yin, Eric 衛穎賢先生

2004

Mr. Cheung Chun Kwok (David) 張振國先生

Ms. Kwan Wing Yee(Candy) 關詠儀女士

2005

Mr. Tse Chun Ming(Terence) 謝振明先生

Ms. Yeung Oi King 楊愛瓊女士

2006

Mr. Chan Ka Hei(Lesley) 陳家曦先生

Ms. Chan Lai Tak (Teresa) 陳勵德女士

Ms. Chan Nadia Haichia 陳海家女士

Mr. Fung King Hung(Anthony) 馮景雄先生

Ms. Ho Wing Yin 何穎妍女士

Ms. Hui Nga Man, Jasmine 許雅雯女士

Mr. Ko Derek Wing Hang 高穎恒先生

Ms. Lau King 劉琼女士

Ms. Lee Ka Yan, Yvonne 李嘉欣女士

Mr. Leung Chi Cheong 梁志鏘先生

Mr. Li Yuk Yu 李育諭先生

Ms. Ng Yan 吳昕女士

Ms. Ng Wing Yan 吳穎欣女士

Mr. Yuen Ka Ming 袁嘉明先生

2007

Ms. Chau Yin Shan 周燕珊女士

Ms. Cheung Ka Man 張嘉敏女士

Ms. Cheung Yan Yung 張仁蓉女士

Ms. Collins Jacqueline Ann

Ms. Lam Lok Yan, Joyce 林珞因女士

Ms. Lee Siu Chun, Grace 李小珍女士

Mr. Leung Po Sum 梁寶琛先生

Ms. Luk Yuet Sim Teresa 陸月嬋女士

Ms. Siggins Sandra Gail

Ms. Symeonides Zofia Daphne Janina Maria

2008

Mr. Chan Chi Wai (Boris) 陳志偉先生

Ms. Chan Ching Wan, Chris 陳清韻女士

Ms. Chan Ka Wing, Patricia 陳嘉詠女士

Mr. Chan Kam Ho, Joseph 陳錦浩先生

Ms. Chow Joanne C. 周俏蘭女士

Ms. Chow Tze Sze, Cecilia 周子詩女士

Mr. Ho Clive Francis Kay Fai 何祈輝先生

Mrs. James Moira Gwenlian

Ms. Lee Pui Yee, Susana 李佩怡女士

Mr. Mo Yee Sum(Sunny) 毛怡琛先生

Ms. Seto Miriam Wai Yan 司徒慧恩女士

Mr. Wong Wing To 黃穎韜先生

2009

Mr. Chow Yuk Ting(Joseph) 周旭庭先生

Ms. De Leon Jacynth Patricia Geronimo

Mr. Ho Wai Kee 何渭祺先生

Mr. Lee Po Kong(Dick) 李普光先生

Ms. Leung Mabel Yuen Ying (Mabel Chau) 梁宛凝女士

Ms. Leung Wing Yee 梁穎而女士

Mr. So Chit Cameron 蘇捷先生

Dr. Tan Kang John 陳岡博士

Ms. Wong Lei Shen, Lisa 王麗珊女士

Mr. Yeung Kwong 楊廣先生

Mr. Yeung Ngai Sum, Eric 楊毅琛先生

Ms. Yip Yin Ting 葉燕婷女士

2010

Mr. Chan Man Kei, Tarus 陳萬基先生

Ms. Cheung Ka Suen, Clare 張家璇女士

Mr. Chow Yat Tin 周逸天先生

Ms. Chu Wai Kwan, Connie 朱偉群女士

Mr. Lai Kwok Keung 黎國強先生

Mr. Lin Pak Kei Andy 連柏基先生

Mr. Lo Tak Hing Christopher 盧德興先生

Ms. Lowe Won Jing Erica 羅允正女士

Mr. Ma Sze Chun (Thomas) 馬思進先生

Mr. Poon Ka Chun 潘嘉駿先生

Ms. Tam Sze Wing Shirley 譚思穎女士

Mr. Wong Chi Ching 黃志清先生

Mr. Wong Wing To (Patrick) 黃穎韜先生

Mr. Yao Yijiang (Johnny) 姚一江先生

2011

Mr. Chan Kwan Kin Philip 陳君建先生

Mr. Choi Chi Ming (Thomas) 蔡志明先生

Ms. Fung Ying Kwan Agatha 馮映筠女士

Ms. Leong Lai Chu (Fanny) 梁麗珠女士

Mr. Li Ling Fung Raymond 李翎鋒先生

Mr. Mok Ming Wai (Michael) 莫明偉先生

Ms. Su Chao Ying (Mrs.Davis) 蘇照瑩女士

Mr. Tsang Wing Hung 曾永鴻先生

Mr. Tse Pok Man 謝博文先生

Mr. Tsoi Ka Chi(Lawrence) 蔡嘉智先生

Mr. Wong Hon Kiu(Ryan) 王漢翹先生

Ms. Woo Sze Yan (Mandy) 胡思欣女士

Ms. Yeung Wai Shan(Sandy) 楊慧珊女士

Ms. Young Kit Yee(Kiri) 楊傑儀女士

Ms. Zhang Menghui(Ivy) 張夢慧女士

2012

Ms. Chang Wei Lydia 張偉女士

Ms. Choi Siu Yan(Grace) 蔡小茵女士

Ms. Chung Man Ying 鍾文英女士

Mr. Day Jeffery Richard

Mr. Ho Hung Yan(Samuel) 何鴻恩先生

Mr. Ho Wai Shun Vincent 何威信先生

Ms. Lam Huen Yi Maria 林萱儀女士

Ms. Lo Kar Yee Vicky 羅家怡女士

Mr. Lui Yiu Kwan 呂耀焜先生

Ms. Peng Jiao 彭姣女士

Ms. Suen Lok Ting 孫樂婷女士

Ms. Wong Sin Man Jevons 黃倩雯女士

2013

Ms. Cheung Suki 張茜琪 (後名張娟羽) 女士

Ms. Chow Sau Ling 周秀玲女士

Ms. Chu Mang Pok Mavis 朱孟博女士

Mr. Chung Wai Leung 鍾衞良先生

Ms. Fok Yan Ting (Rita) 霍茵婷女士

Mrs. Le Bon Afia Hussain

Ms. Lee Nga Sze Fayette 李雅斯女士

Mr. Lee Sin Hang 李善恒先生

Ms. Liu Yicheng 劉亦橙女士

Mr. Razi Raza Nasir

Mr. Tung Kin Fai 董鍵輝先生

Mr. Yeung Man Tung, Wilson 楊文通先生

2014

Mr. Chan Tin Yau (Roy) 陳天佑先生

Ms. Chow Hoi Mei 周海媚女士

Ms. Hui On Wa, Eunice 許安華女士

Mr. Hung Peter 洪彼德先生

Mr. Lam Chun Wai Benjamin 林臻允先生

Mr. Lau Yin Pak Andrew 劉彥伯先生

Mr. Leung Hong Kiu, Gary 梁康橋先生

Ms. Mak Tsui Hung 麥翠虹女士

Mr. Tong Ho Yin (Louis) 湯浩言先生

Ms. Tsang Pik Tan 曾碧丹女士

Mr. Wing Chung 榮聰先生

Mr. Wong Kin Kan 黃健勤先生

Mr. Yeung Chun Yin, Johnny 楊俊賢先生

Ms. Yuen Hu Ming Maria 袁曉明女士

2015

Mr. Chan Ho Chuen, Eddie 陳浩泉先生

Ms. Cheung Choi Ha Anna 張彩霞女士

Mr. Cheung Kai Hoi, Kyle 張佳海先生

Ms. Chow Ching Man, Rachel 鄒靜雯女士

Ms. Chu Hoi Ying Eunice 朱愷盈女士

Mr. Ho Kwok Fun 何國歡先生

Mr. Lam Hing 林興先生

Ms. Lam Wing Wai Hana 林永慧女士

Ms. Leung Eunice 梁凱程女士

Ms. Lo Shing, Winky 羅盛女士

Mr. Mok Kwan Ching, Dominic 莫鈞澄先生

Mr. Wong Man Hei Eddie 黃文熙先生

Ms. Yim Wing Hang 嚴穎衡女士

2016

Ms. Cheng Pui Wai, Fiona 鄭佩慧女士

Ms. Chow Siu Ying, Justina 周肇瑩女士

Mr. Fung Kwun Ki, Franky 馮冠祺先生

Mr. Lam Chun Wan Benjamin 林臻允先生

Ms. Lam Lila Wai Tak 林慧德女士

Ms. Lo Lok Yan, Joanne 盧樂恩女士

Dr. So Ying Lun 蘇英麟博士

2017

Mr. Chan Geng Chuen Bosco 陳鏡存先生

Ms. Chan Suet Fong 陳雪芳女士

Ms. Chen Yuen Ting 陳婉婷女士

Mr. Lam Chiu 林超先生

Rev. Law Sze Keung, Stephen 羅仕強神父

Mr. Li Chun Lung 李春龍先生

Ms. Liu Yexia 劉葉霞女士

Ms. Lunde-Pickover Tina

Ms. Ma Tin Wai Yvonne 馬天慧女士

Ms. Pang Ching Sin, Cynthia 彭靜倩女士

Mr. So Wing Kei 蘇榮基先生

Ms. Tan Huiming, Stephanie 譚慧明女士

Mr. Wong Chi Wai 王志偉先生

Ms. Wong Ha Yee, Connie 黃夏儀女士

Ms. Wu Choi Tai 胡彩娣女士

Ms. Wu Chunyan 吳春艷女士

Mr. Yeung Long Ting, Ronald 楊朗廷先生

2018

Ms. Au Yeung Wing Tung, Gloria 歐陽詠彤女士

Mr. Chan Nok Ka 陳諾嘉先生

Mr. Chan Wai Lok 陳偉樂先生

Ms. Chen Ruyu 陳如玉女士

Mr. Cheng Ka Wai Caric 鄭嘉偉先生

Mr. Chu Wai Man 朱偉文先生

Mr. Lee Hoi Chun, Rock 李海峻先生

Mr. Lee Yan Chuen, Andrew 李恩泉先生

Mr. Lee Yat Shing, Eric 李逸成先生

Ms. Leung Chung Yin (Annabelle) 梁頌賢女士

Mr. Ng Chun Shing 伍俊丞先生

Mr. Tsang Ho Ching Michael 曾可正先生

Mr. Wong Tak Cheung, Kelvin 黃德彰先生

Ms. Wong Man Hoi 黃文翰女士

Ms. Yam Chi Mei, Bonnie 任之美女士

2019

Mr. Au Wai Lun, Issac 區偉麟先生

Ms. Chan Ho Ying 陳好英女士

Ms. Chan Kam Yi Emma 陳錦儀女士

Ms. Chan Sau Lan 陳秀蘭女士

Mr. Kwong Kwan Yin, Patrick 鄺君然先生

Mr. Lai Chun Kit Kevin 賴俊傑先生

Mr. Lam Him 林謙先生

Ms. Leung Sum Yu 梁心如女士

Mr. Li Chi Hung 李志雄先生

Ms. Lin Meizhen 林美珍女士

Ms. Miu Ho Yan, Jo 繆可茵女士

Ms. Tam Kit Ying 譚潔盈女士

Mr. Tang Cheuk Nam 鄧卓楠先生

Mr. Wong Kwok Hong 王國康先生

2020

Mr. Chan Ka Hei, Ricky 陳嘉希先生

Mr. Chow Kwok Lick, Dennis 鄒國力先生

Mr. Law Shun Hei, Delex 羅遜熙先生

Ms. Lee Kai Wai 李佳蔚女士

Ms. Lee Ming Yan 李銘恩女士

Mr. Lee Shing Chun, Jason 李承俊先生

Mr. Leung Hon Man, Mack 梁瀚文先生

Ms. Ko Yee On, Koyi 高易安女士

Mr. Tang Yuk Fai, Matthew 鄧旭輝先生

Mr. Woo Tsz Kwai 胡子季先生

2021

Ms. Chan Kam Yi, Emma 陳錦儀女士

Mr. Chu Nicole 朱樂滔先生

Mr. Ho Tsz Ching 賀子呈先生

Mr. Lam Ming Yeung Matthew 林明揚先生

Ms. Lau Yan Lam, Yanni 劉殷霖女士

Mr. Law Hiu Chung, Calvin 羅曉忠先生

Mr. Law Ka Shun 羅家順先生

Ms. Lee Wing Yan, Letitia 李穎欣女士

Mr. Ng Chi Ho, Wallace 伍志浩先生

Mr. Ng Wing Chee, Vince 吳穎姿女士

Ms. Shiu Ching Yim 邵禎琰女士

Ms. Tam Siu Hung 譚少紅女士

Ms. Wong Yien Ling, Sharon 黃彥甯女士

2022

Ms. Chan Yee Tung, Ava 陳綺彤女士

Mr. Choi Kam Tao 蔡錦濤先生

Ms. Choi Yee Nai, Renee 蔡旖旎女士

Ms. Choy Wan Yin Wendy 蔡蘊賢女士

Ms. Ho Sze Ching 何詩晴女士

Mr. Huang Li Luan 黃禮鑾先生

Ms. Mak Shuk Pui 麥淑珮女士

Mr. Siu Tsz Wang, Gordon 蕭梓宏先生

Mr. Tang Kin Yip, Vega 鄧建業先生

Ms. Tang Lai Ming 鄧麗明女士

Ms. Wong Chau Lin 王秋蓮女士

Mr. Wong Siu Ki 王兆基先生

2023

Ms. Chu Yin Mei 朱燕媚女士

Ms. Chan Mei Ling 陳美玲女士

Mr. Choi Wai Lun 蔡韋麟先生

Mr. Chung Wing Hong, Patrick 鍾永康先生

Mr. Ho Ka Wing 何家穎先生

Mr. Lam Ho Fung 林昊鋒先生

Ms. Lam Man Chi 林敏芝女士

Mr. Law Wai Lun 羅緯綸先生

Mr. Lee Ka Fai 李嘉輝先生

Ms. Ma Ka Wing Vanessa 馬嘉穎女士

Mr. Ng Chun Ngai, Lincoln 吳俊毅先生

Ms. Ngai Pui Shan, Ruby 魏佩珊女士

Ms. Tam Kit Ying 譚潔瑩女士

Mr. Tam Kin Lam 譚建林先生

Mr. Wang Ying 王穎先生

Ms. Wong Kit Ling 王潔玲女士

Mr. Wu Wai Ho 胡偉豪先生

Mr. Yeung Pak Hong 楊佰翰先生

2024

Ms. Au Wai Ha 歐惠霞女士

Mr. Chan Kai Wing, Eddie 陳啓榮先生

Mr. Cheung Kai Yeung 張繼揚先生

Mr. Cheung Wing Lok 張永銘先生

Ms. Hui Chak Sing, Sarah 許澤星女士

Mr. Kwok Ka Hang, Tommy 郭嘉恒先生

Ms. Lau Kai Yan, Lydia 劉啓欣女士

Ms. Lo Tsz Ying, Sammy 盧紫瑩女士

Mr. Ng Ka Ho, Frank 吳家豪先生

Mr. Tse Sai Ho, Kelvin 謝世豪先生

Mr. Tsui Ho Nam, Frankie 崔顥藍先生

Mr. Wu Ho Chuen, Ronald 胡浩銓先生

Mr. Yip Chi Pan, Ben 葉志斌先生

Ms. Yu Hung Ha, Crystal 余紅霞女士

校慶紀念徽章

The Key Visual

The Frame

"100" & "WYK"

The Fabrics

Elements specific to WYK and

architectural motifs on campus

Over the course of 100 years, WYK has brought us all together - our founder, Mr Peter TSUI, our predecessors, our Jesuit Fathers, generations of Wahyanites, and friends of Wah Yan from all walks of life. Housed under the same roof, we share a lot of fond memories. Years and even decades after graduation, we are as closely-knitted as ever in the name of Wah Yan, the kinship that we share always transcends spatial and temporal limits.

Ad Majorem Dei Gloriam (AMDG) is the motto of the Society of Jesus – what we anchor ourselves to over the past 100 years, and what steers us through as we journey into the next.

The Credits

In particular, we would like to express our gratitude to our dedicated design team

Eric LAU (Class of 2003)

Creative Director

Inness CHENG (Class of 2009)

Key Visual Designer

Aaron YU (Class of 2009)

Key Visual Designer

鳴謝

（排名不分先後）

獻辭及序言

耶穌會中華省省會長董澤龍神父
蘇英麟校監
周子詩校長
舊生會李彥博（2007 屆）
學生會（第五十九屆）
郭少棠校友（1965 屆）

題字

趙起蛟老師（1961 屆）
韋季南校友（1965 屆）

團體及個人

丁新豹博士
李家駒博士
林雲峯校友
梁健平老師
周昭亮校友
徐佩乾校友
陳發貴校友
梁宗溢神父
徐立人神父
游子安教授
劉昀泰校友
耶穌會中華省
華仁一家基金會有限公司
香港中文大學圖書館
香港商務印書館
香港歷史博物館
Wah Yan College, Hong Kong Heritage Centre
李潤明老師
黃偉良老師
吳家樂老師
張大超老師
李毅康老師
郭嘉恒老師
蔡小茵小姐
鄭惠敏小姐
陳鏡存校友
劉碩偉校友

圖片提供

耶穌會中華省
九龍華仁書院資料室
徐佩傳先生
余本良副校長
簡日祥老師
艾狄校友
張嘉軒校友
林嘉舜校友
李彥博校友
黎行健校友
郭晃男校友

受訪人士

方　澄	何富權	李大拔	周駿軒
王力恆	余達明	李立煌	屈仲賢
王泰鴻	余秋良	李和權	庚志欽
尹逸輝	余振聲	李海博	招彥燾
古匡昌	余嘉朗	李祖念	林天星
石如鵬	余德新	李偉民	林光宇
伍子峯	吳子培	李偉章	林昊鋒
伍永強	吳子敬	李國棟	林青雲
伍梓奇	吳天海	李景行	林浩賢
朱廷璋	吳其彥	李賢孜	林國彬
朱浩恩	吳家樂	李駿偉	林雲峯
朱偉德	吳家駒	汪滌東	林錦輝
朱廣年	吳庭樂	沈士文	邱徽道
何少亮	吳恩光	沈益陞	邵柏樺
何以業	吳浩強	阮永岳	邵英瑋
何冠聰	吳逸朗	周昭亮	侯傑泰
何施明	吳霈宜	周炳華	姜文彥
何海輝	呂浩元	周致聰	姜耀明
何啟明	宋執廣	周肇瑩	胡子季
何理明	岑少貞	周錫宏	胡焯澧

胡裕初
范玉芬
韋季南
香國樑
唐志輝
唐志鴻
唐毅恆
夏思進
夏修賢
容清華
徐天偉
徐敬文
徐業成
袁天凡
馬俊豪
馬逸德
高志中
高拔陞
高梓俊
高植明
高穎豐
區德成
商紹麟
崔慶銓
張正平
張正剛
張作志
張建光
張彥昌
張恒暉
張浩年
張漢明
戚朗霆
曹宏威
梁子正
梁子恩
梁宗溢
梁柱新
梁家浩
梁家傑
梁振聲
梁格爾
梁浩華
梁偉正
梁偉民
梁健平
梁皓銘
梁毓恩
梁霖泰
梁寶山
符俊雄
莊孟春
莫乃昂
莫鈞澄
許方中
許晏冬
許澤亨
郭少棠
郭汶軒
郭晃男
郭啟雄
郭煜釗
陳子棟
陳仲謀
陳宇亮
陳旭龍
陳志華
陳志超
陳承希
陳承寶
陳東偉
陳秉剛
陳俊濠
陳冠宏
陳洛奇
陳衍丞
陳家曦
陳浩基
陳浩榜
陳偉賢
陳健恆
陳國強
陳國權
陳淵斌
陳智遠
陳發貴
陳德銘
陳慶龍
陳潤強
陳錫康
陳鎬烽
陳麒峰
陸振岳
麥永熹
麥耀均
彭振聲
彭智雄
彭曉聲
彭澤恩
曾俊健
曾柱昭
曾培燊
曾逸謙
曾慶輝
湯維德
程永基
華　進
華逸成
覃俊基
賀燁鴻
辜卓樂
馮成章
馮卓森
馮啓明
馮景雄
馮景達
馮鑑邦
黃乃揚
黃川銘
黃才廣

黃正嵐	熊兆麟	蔡智華	謝萃輝
黃志堅	熊志添	蔡漢華	鍾文健
黃俊偉	甄仲言	蔣乃鈞	鍾健禮
黃俊霖	蒲錦昌	鄧立輝	簡日祥
黃信健	趙汝誠	鄧建業	簡嘉俊
黃夏儀	趙宏健	鄧錫深	藍啓華
黃家健	趙起蛟	鄭明銓	魏鵬展
黃浩威	劉之瑩	鄭浩鋒	羅志偉
黃偉良	劉元生	鄭國衛	羅政寧
黃偉忠	劉光喜	鄭錦泳	羅家乾
黃偉樑	劉建均	黎永良	譚永彪
黃健安	劉啟泰	黎振宇	譚永雄
黃健德	劉進圖	黎啓明	譚浩明
黃啟豪	劉碩偉	黎創華	譚偉倫
黃國華	劉衛虹	黎靖匡	譚錦輝
黃盛恒	劉耀祖	黎鎮邦	關宇
黃漢誠	樂君享	盧浩基	嚴汝洲
黃鎮源	歐陽振威	蕭妙文	嚴百楷
楊子謙	歐陽校英	蕭海平	嚴啟龍
楊穎智	潘宏烽	蕭偉君	蘇大中
溫振賢	潘卓斌	蕭澤宇	蘇君煌
溫耀明	潘朗峰	蕭鎮邦	蘇偉航
葉嘉安	潘復熙	賴俊傑	龔宇軒
葛民輝	潘逸熙	賴俊雄	龔澤民
董文忠	潘漢雄	賴建雄	Alex Chan
鄒耀明	蔡聿濤	駱巽謙	James Leung
雷兆麟	蔡志超	戴步昇	John Ng
廖文山	蔡朗堯	繆定逸	Johnny Chan
廖宇新	蔡敏康	謝立斌	Kung Chun Hung
廖振強	蔡惠海	謝偉俊	Lau Ming Yum

* 本特刊部分內容引用了《五十六號星光》的資料，謹此向該特刊團隊致謝！

參與口述歷史計劃者（老師、校友、同學）

區凱陽
歐陽天
蔡允廸
陳靖軒
陳正朗
陳振熙
陳俊睿
陳曉羿
陳浩霖
陳嘉成
陳啟弢
陳麒羲
陳　朗
陳律言
陳暟圖
陳柏希
陳柏銘
陳尚禮
陳承希
陳昇陽
陳浚賢
陳宇軒
陳睿哲
陳睿哲
鄭梓鋒
周皓峰
鄒文熙
周星霖
周祐賢

陳柏錕
鄭浚昀
鄭安喆
張倬維
張傳睿
張嘉朗
張力衡
張彥昌
程顥源
程　諾
程永基
趙靖山
趙汝誠
蔡朗堯
蔡惠海
周柏然
周子詩
朱竟誠
朱紹讚
朱泆信
徐偉謙
許自鎧
樊駿希
霍柏然
方皓弘
房睿綸
符俊雄
馮誦軒
何卓庭

何雋浩
何珈言
何啟康
何力弘
何樂禧
何柏賢
何彥倫
許睿軒
黃津言
黃文治
黃　煜
許卓倫
許晉僑
許珈僑
許盛熙
許爾堅
葉鑑陽
葉承希
左卓樂
簡曉俊
簡沛聰
甘斯宇
高梓俊
辜卓樂
鄺兆鵬
關思睿
郭朗熹
郭卓喬
郭智衡

郭俊樑
郭臻翱
郭少棠
郭蔚霖
鄺沚齊
鄺浩峰
黎泉夆
黎振宇
賴銘泰
黎子源
黎宇謙
黎潤培
林峻安
林浩峰
林浩賢
林俊一
林樂麒
林旻樂
林思睿
林浚生
林子涯
林奕陽
林彥諾
劉清立
劉珈希
劉碩偉
劉梓朗
留子翹
劉衞虹

劉日進
劉禹翔
劉睿熙
羅正翹
李顯熙
李　瑄
李啟聰
李文傑
李承軒
李承軒
李峻逸
李聿熹
梁智樂
梁凱恆
梁洛奇
梁樂賢
梁培彥
梁　晨
梁浚業
梁子熙
梁偉旋
梁毓恩
李海博
李漢昕
李漢昕
李　理
李文迪
李　想
李端騏
李賢孜

梁顯恩
連焯康
劉京睿
劉軒豪
廖晞文
廖梓亨
盧卓謙
羅浚文
羅凱晉
羅梓峰
羅翊誠
林子謙
馬旻誠
馬納言
馬梓軒
麥韙杰
文學哲
苗延碩
莫健培
莫頌然
莫鈞澄
莫子朗
莫子龍
莫睿穎
蒙柏諺
吳家駒
吳璟軒
吳力行
吳柏翹
吳博文

吳博文
伍首政
吳天昊
伍浚謙
伍子睿
伍偉權
吳逸朗
吳宇謙
魏靖樺
柯家禮
彭冠力
潘皓光
潘棨朗
潘維亨
潘暐恆
潘逸熙
覃天楊
邵敬紘
舒子賢
蕭樂然
蘇雋軒
蘇信諾
蘇　穎
蘇晉穎
蘇鎵濱
孫　弘
沈家齊
施澔橋
譚正翹
譚俊滔

譚浩隆
譚浩明
鄧建業
鄧柏灝
鄧遠哲
田雅耀
陳彥熙
曾卓楓
曾韋邵
曾泳舜
曾奕堯
謝樂炫
謝栢熙
謝梓浠
徐德聰
曾雋彥
衞斯廸
尹智軒
王璟圻
黃澤錤
黃靖行
黃焯賢
黃卓言
王智源
黃正晞
王駿熹
黃進康
黃衍傑
黃衍博
黃皓謙

黃浩恩　王華獻　甄晟羽　余皓政
黃瀚霖　黃日朗　楊灝軒　袁晞然
黃栩洛　黃耀興　丘梓賢　阮嘉浩
黃健朗　胡子季　楊朗廷　曾子穎
王國熙　胡皓翰　楊子謙　張子文
黃文康　胡皓林　葉柏希　Ghale Bidkar
王羿羲　胡社騵　葉承晉
黃柏韜　謝淩昊　姚梓謙
黃庭朗　徐昊澤　余銘浠

本計劃蒙 Fr. Kelly Educational Fund Limited 及郭少棠校友伉儷資助，謹此致謝。

參考文獻

丁新豹等編:《百年樹人 —— 香港教育發展》(香港:香港市政局,1993)。

于士錚譯;Jerome Aixala, S.J. 著:《耶穌會教育的特徵》(台北:耶穌會,1986)。

方美賢:《香港早期教育發展史 1842-1941》(香港:中國學社,1975)。

阮柔:《香港教育:香港教育制度之史的研究》(香港:進步教育出版社,1948)。

李子建,鄭保瑛,鄧穎瑜主編:《承教・城傳:九龍學校的故事》(香港:中華書局,2024)。

吳倫霓霞:〈教育的回顧(上篇)〉,《香港史新編》,(香港:三聯書局,1997)。

周炳華:《耶穌會在香港的教育事業 —— 以九龍華仁書院為中心》,Thesis (M. A.),未刊稿,University of Hong Kong, 2005。

香港政府布政司署:《香港的教育制度:香港教育制度全面檢討》,1980。

段世磊著:《耶穌會在東方的教育活動研究(1549-1650)》(上海

附錄

市：上海遠東出版社，2019）。

郭少棠：《育才創新路：香港十年教育回望》，執行編輯：沈思，（香港：教育局，2008）。

郭少棠：《城市心靈》，（香港：牛津大學出版社，2000）。

郭少棠：《童步成長路》，執行編輯：沈思，（香港小童群益會 2006）。

陸鴻基：《中國近世的教育發展》（香港：華風書局，1983）。

張學明：〈香港的耶穌會士（1926-1991）〉，《香港天主教修會及傳教會歷史》，（香港：香港中文大學天主教研究中心，2011）。

熊光義：《耶穌會的教育法》（台中：光啟出版社，1965）。

賴詒恩、陶為翼譯：《耶穌會士在中國》（台中：光啟出版社，1965）。

顧明遠，杜祖貽主編：《香港教育的過去與未來》，（北京：北京人民教育出版社，2000）。

九龍華仁書院：《耶穌會成立四百週年紀念刊》，（香港：華仁書院，1940）。

九龍華仁書院《五十週年紀念特刊》，（香港：九龍華仁書院，1974）。

九龍華仁書院舊生會：《五十六號的星光 —— 九龍華仁書院創校八十週年紀念冊》，（香港：星島出版有限公司 2004）。

九龍華仁書院舊生會：《飛龍在天 1996-1997》（香港：九龍華仁書院舊生會週年晚會籌委會，1986）。

香港華仁書院：《華仁校刊》，年刊（香港：香港華仁書院，1933-36，1939-41，1947-90）。

香港華仁書院：《華仁季報》第二號第三期，1927。

各期《九龍華仁書院校刊》、《華暉》校刊。

Luk Hung-kay, A History of Education in Hong Kong (Hong Kong: Lord Wilson Heritage Trust, 2000)

Nicholas P.C. Tsui,Pictorial memories of the Jesuits in Hong Kong 1926 to 2016 (Hong Kong: CLIC Limited 2016)

The Irish Province, S.J., List of The Dead (Dublin, 1988)

Thomas F. Ryan, S.J., Jesuits Under Fire in The Siege of Hong Kong, 1941 (London & Dublin: Burns Oates & Washbourne Ltd., 1944)

Thomas J. Morrissey SJ., JESUITS in HONG KONG, SOUTH CHINA and Beyond Irish Jesuit Mission its Development 1926-2006, (Xavier Publishing Association Co. Ltd. 2008)

Paul S.M. Yu, ed., All That's NOBLE and TRUE: History of Wah Yan College, Hong Kong, 1919-2019. (Hong Kong: Wah Yan College, Hong Kong, 2020)

檔案：

香港華仁書院檔案室

香港殖民地檔案 CO129

Principals (1924-1975) of Wah Yan College, Kowloon, The Log Books

Hong Kong Blue Books (1844-1938.)

報章：

香港工商日報、華僑日報、香港華字日報、大公報、南華日報、公教報、China Mail, Hong Kong Daily Press, Hong Kong Telegraph, South China Morning Post

相關網頁

Mr. Paul Tsui Ka Cheung's Memoirs：http://www.galaxylink.com.hk/~john/paul/paul.html

九龍華仁書院：http://www.wyk.edu.hk/

九龍塘學校：https://www.ktsps.edu.hk/

天主教耶穌會中華省港澳會士：http://jesuitas.org.hk/

天主教香港教區：http://www.catholic.org.hk/indexch.html

依納爵靈修空間：http://www.ignatian.org/ig1/sc/igindex.html

香港大學利瑪竇堂：http://www.hku.hk/ricci/

香港華仁書院：http://www.wahyan.edu.hk/

《立己同行　百年樹人》

九龍華仁書院
百週年史編輯委員會

主持團體

九龍華仁書院
九龍華仁書院舊生會
九龍華仁書院學生會

顧　　問

徐立人神父　蘇英麟博士　周子詩校長

主席兼主編

郭少棠教授

副 主 編

沈思先生

秘　　書

蔡惠海老師

顧問及委員

周子詩校長

委　　員

胡子季老師　何兆棠先生　方永康先生
周炳華老師　黎振宇先生　李行健老師
蕭梓宏老師　梁鈞堯同學　蔡朗堯同學
陳承希同學　梁　晨同學　李海博同學

責任編輯　林雪伶　錢舒文
裝幀設計　郭梓琪
排　　版　肖　霞
印　　務　龍寶祺

立己同行　百年樹人：九龍華仁書院百年印記 1924-2024

A Centenary Journey with Youth For A Hope-filled Future: Wah Yan College, Kowloon, 1924-2024

編　　著　九龍華仁書院百週年史編輯委員會
出　　版　商務印書館（香港）有限公司
　　　　　香港筲箕灣耀興道 3 號東滙廣場 8 樓
　　　　　http://www.commercialpress.com.hk
發　　行　香港聯合書刊物流有限公司
　　　　　香港新界荃灣德士古道 220-248 號荃灣工業中心 16 樓
印　　刷　美雅印刷製本有限公司
　　　　　香港九龍觀塘榮業街 6 號海濱工業大廈 4 樓 A 室
版　　次　2025 年 4 月第 1 版第 1 次印刷

　　　　　ISBN 978 962 07 0659 2（平裝）
　　　　　ISBN 978 962 07 0666 0（精裝）
　　　　　Printed in Hong Kong

IHS
龍仁
九華
1924
56
2024